LETTRES
MORALES
ET
CRITIQUES.

LETTRES
MORALES
ET
CRITIQUES
SUR LES
DIFFÉRENS ÉTATS,
ET LES
DIVERSES OCCUPATIONS
DES HOMMES;
PAR Mr.
LE MARQUIS D'ARGENS.

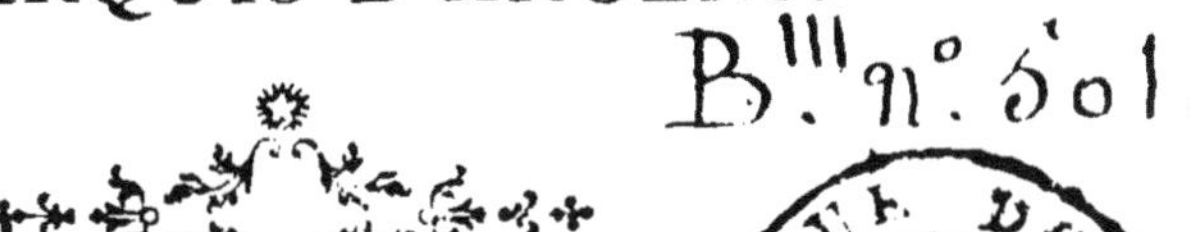

A AMSTERDAM
Chez MICHEL CHARLES LE CENE
Imprimeur & Libraire.

M. DCC. XLVII.

PRÉFACE.

LORSQUE j'écrivis ces Lettres, je ne pensois point qu'elles dussent être imprimées. Je m'étois amusé à coucher sur le papier quelques idées que mon imagination m'avoit fournies sur les différens Etats & les diverses Occupations de la vie : mon dessein étoit de faire un Traité de Morale assez complet, & j'en montrai le commencement

*2 à

à un de mes Amis qui m'en parut content ; mais il me conſeilla de choiſir le Genre Epiſtolaire : pour m'y engager, il me fit promettre que je lui écrirois deux fois par Semaine, & me fit ainſi abandonner mon premier projet.

Lorſque mon Ami ſe vit un certain nombre de Lettres, il m'écrivit qu'il avoit réſolu de leur faire voir le jour : je le priai de ne pas rendre publiques des choſes que je n'avois aucune envie de faire imprimer, & que

que j'avois peut-être écrites avec un peu trop de liberté ; il ne se rendit point à mes instances, & persista toujours dans son dessein. Comme le seul parti qui me restoit, étoit de suivre sa volonté, je le priai de souffrir du moins que je fisse quelques corrections à mes Originaux, & que j'en supprimasse tout ce que je n'avois écrit que pour lui. Il consentit à ma demande, & après en avoir retranché tout ce qui auroit du rester dans le silence, je lui per-

mis d'en faire l'usage qu'il jugeroit à propos.

J'ai tâché en blâmant les mœurs des Hommes en général de ne point blesser les Particuliers, & j'ai évité, autant qu'il m'a été possible, le défaut que j'ai reproché à ces Ecrivains qui se répandant en invectives & en injures les uns contre les autres, introduisent sur le Parnasse le langage des Halles.

Je ne dirai rien du fond de mon Ouvrage, le Lecteur en jugera par lui-même. Si je l'assurois qu'il est bon, peut-être n'en croiroit-il rien ; & si je lui disois que je doute qu'il soit digne de son approbation, je n'en croirois rien à mon tour. Je pense que tout Auteur, qui ne veut point s'exposer à mentir, doit faire la Préface de son Livre la plus courte qui lui est possible ; celle-ci n'est déja peut-être que trop longue.

TABLE

DES Lettres & des Matiéres contenues dans ce Volume.

LET-

TABLE.

LET-

TABLE.

FIN DE LA TABLE.

LETTRES

LETTRES MORALES ET *CRITIQUES* SUR LES *DIFFÉRENS ÉTATS.*

LETTRE PREMIERE,

Sur les Courtisans & sur les Hommes en général.

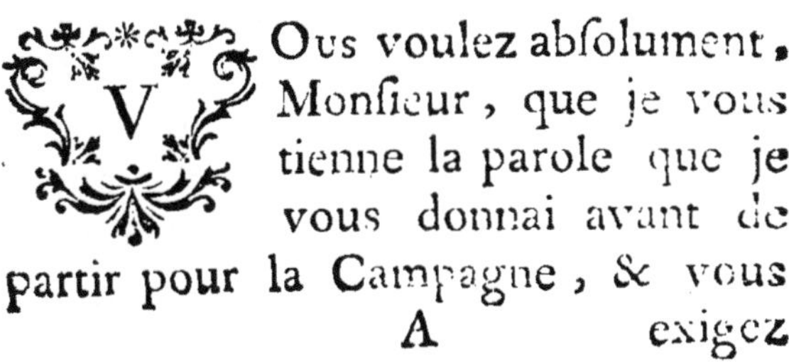

Ous voulez absolument, Monsieur, que je vous tienne la parole que je vous donnai avant de partir pour la Campagne, & vous

 exigez

exigez que je vous écrive réguliérement, deux ou trois fois la semaine, sur les choses qui m'auront le plus agréablement occupé dans ma Solitude : vous m'accordez la liberté de vous parler de tout ce que je voudrai, & ne vous écrivis-je que des bagatelles, vous m'assurez que vous serez content ; on appelle cela mettre les gens au pied du mur, & leur ôter toutes sortes de prétexte. Je ferai donc ce que vous m'ordonnez, & je vous communiquerai toutes les réfléxions sensées que me fournira mon imagination livrée actuellement à elle-même, débarrassée du tumulte du monde & de la confusion qu'y produisoit le séjour de Paris.

Je vous avouerai d'abord que, depuis que je goûte les plaisirs de la retraite, peu s'en faut que je ne regarde tous les hommes comme des fous, & comme des fous incurables. Je les contemple dans ma solitude avec un esprit désinteressé, & je les vois s'agiter, se tourmenter eux-mêmes

pen-

pendant le petit nombre d'années que la Nature leur accorde ; & après tant de mouvemens, d'inquiétudes & de troubles, je les trouve aussi insensés en mourant, qu'ils l'ont été durant le cours de leur vie.

Je jette les yeux sur un Seigneur, esclave du rang qu'il occupe, victime de l'ambition qui le dévore, tourmenté par la crainte qu'on ne lui préfere quelqu'un de ses égaux, chagrin de leur fortune, fatigué par des Creanciers incommodes, cherchant inutilement à en faire de nouveaux, vil Courtisan d'un Ministre qu'il hait mortellement, il passe ses jours à courir après une vaine gloire qui ne peut jamais le contenter. Est-il parvenu au point qu'il souhaitoit, sa vanité lui découvre de nouvelles Grandeurs, son ambition se réveille : ses travaux, ses soins, ses peines recommencent : il ne connoît jamais cette douce tranquilité qui fait seule le bonheur des Humains ; & soit qu'il aille à Verſailles, à Paris, à la Campagne, au Bal, à l'Opera, ou chez ſa Maîtreſſe même,

> * *Le chagrin monte en croupe & galoppe après lui.*

Enfin la mort arrive, tout ce faſte eſt détruit en un inſtant, cet homme yvre de ſa nobleſſe, prévenu à l'excès en faveur de ſon état, reconnoît qu'il n'étoit qu'un ſimple mortel, & qu'il a été plus malheureux qu'un petit particulier content de ſon ſort. Alors la crainte le ſaiſit, il ſe met entre les mains d'un Prêtre & d'un Médecin : il attend tout ſon ſalut de ces deux perſonnes qu'il n'eût pas regardé trois jours auparavant : il fait, en faveur de l'un, nombre de fondations pieuſes, & promet à l'autre des ſommes conſiderables ; mais tous les vœux des Prêtres, & toutes les recettes des Mé-

* Poſt equitem ſedet atra cura. Horat. Od. I. Lib. III. V. 20.

Médecins ne changent point les Arrêts du Destin *.

Les grands Seigneurs montrent ordinairement plus de foiblesse dans le tems où ils approchent de leur fin, que les simples Particuliers. Les richesses qu'ils quittent leur rendent le trépas affreux : la vanité, le desir d'acquerir de la gloire, l'ambition de briller, leur fait risquer leur vie dans une bataille, sans qu'ils semblent craindre la mort, mais lorsqu'elle paroît seulement accompagnée d'un Curé & d'un Medecin, que l'esprit ne trouve plus de force & de secours contr'elle que dans sa fermeté, que l'espoir de parvenir aux Grandeurs ne balance plus la crainte, le Guerrier s'éclipse presque toujours, & il ne reste à sa place que l'Habitant de Versailles ou de Paris.

Le simple Gentilhomme n'est ni plus

* Pallida mors æquo pulsat pede pauperum tabernas,
Regumque turres.
Horat. Od. IV. Lib. I. Vers. 13. & 14.

plus ſage ni plus ſensé que le grand Seigneur, il paſſe ſa vie à faire ſa cour à des Seigneurs fiers & hautains, qui ſe récompenſent ſur lui des couleuvres qu'ils avalent auprès des Princes & des Miniſtres. Il y a parmi les hommes une eſpèce de gradation qui règle & détermine leur vanité. Le Seigneur eſt bas & rampant devant le Souverain, le ſimple Noble ſe rend eſclave du Courtiſan, le Bourgeois ſouffre avec patience les hauteurs du Gentilhomme, le Païſan eſt deſtiné pour être le ſerviteur & le domeſtique de tous les autres Etats. Ainſi les hommes ſe ſont ſoumis mutuellement à un eſclavage contraire à leur nature, & dont leur ſeule foibleſſe a formé les liens.

La moindre attention ſur le génie, le caractère & le pouvoir des Grands, fait tomber tout le crédit qu'ils ſe ſont acquis ſur l'eſprit des ſimples Particuliers. Ces Seigneurs ſi craints & ſi redoutés, ces Courtiſans ſi révérés à Paris & dans les Provinces,

ſont

ſont pour la plûpart ſemblables aux Idoles des anciens Payens : on les honore, on les ſert, parce qu'on ignore leur peu de puiſſance : ſi l'on venoit à la connoître, leur culte ſeroit bien-tôt détruit : il n'eſt fondé que ſur l'eſpérance de leurs bienfaits, ou ſur la crainte du mal qu'ils peuvent faire, & il arrive ordinairement qu'ils n'ont ni le moyen de faire du bien ni l'occaſion de nuire : on eſt la dupe des vœux qu'on leur a offerts, & des déférences ſerviles qu'on a eues pour eux ; c'eſt le ſentiment d'un illuſtre Ecrivain qui a parfaitement connu la Cour. *Si les Grands* *, dit-il, *ont des occaſions de nous faire du bien, ils en ont rarement la volonté. S'ils déſirent de nous faire du mal, ils n'en trouvent pas toujours les occaſions.* Ainſi l'on peut être trompé dans le culte qu'on leur rend.

J'ai

* La Bruyere, Caractères ou Mœurs du Siécle, Tom. I. p. 448. Edit. d'Amſterd. chez Fr. Changuion.

J'ai été souvent étonné de la basse complaisance que j'ai remarquée dans bien des Nobles pour certains Seigneurs. Je ne savois ce qui les engageoit à tenir une conduite si contraire à la raison. Ils étoient les esclaves d'un homme qui n'avoit pas plus de crédit qu'eux. Il est vrai qu'il alloit à la Cour, qu'il voyoit le Roi, qu'il lui parloit, parce que son état emportoit cela nécessairement; mais tous ses privilèges étoient attachés à trois lettres de l'Alphabet, & il avoit autant d'obligation au mot *Duc*, qu'un mauvais Evêque en a à son Caractère & à son Rochet.

C'est une chose sure & connue de tous ceux qui ont quelque usage de la Cour, qu'un simple Commis du Bureau de la Guerre, ou des Finances, a souvent plus de crédit & plus d'accès auprès des Ministres, que les trois quarts des Courtisans. Plusieurs ont eux-mêmes besoin de ces Commis, & déguisent devant eux la fierté qu'ils étalent auprès de ceux qui les regardent

dent comme les Dépositaires des bienfaits du Souverain.

Quand même chaque Seigneur pourroit faire la fortune de ceux qui s'attachent à lui, je condamnerois encore les devoirs serviles que bien des gens leur rendent. Tous les trésors de la terre valent-ils cette liberté & cette franchise qui font le caractère de l'honnête homme ? Peut-on faire quelque cas d'un bien qu'on ne peut obtenir que par un esclavage, qui ne se termine souvent qu'avec la vie ? Que faut-il à un simple Particulier pour vivre heureux, tranquile & égal aux premiers Seigneurs du Royaume ? Aimer son Prince & sa Patrie. Un citoyen de Paris qui joint ses vœux à ceux de tout le Peuple pour la conservation du Monarque ; qui paye à César ce qui est dû à César, n'est-il pas à son tour Souverain chez lui ? N'ordonne-t-il pas despotiquement dans sa famille ? Ne faut-il pas qu'il soit tombé dans une frénésie incurable pour aller courir après des Grandeurs imaginaires, qui troubleront le repos de sa vie? Lorsque je considére un Particulier, qui, pouvant vivre heureux & content chez lui, devient le Pilier de l'Antichambre d'un Grand, je crois voir un riche Espagnol qui part de Cadiz, pour aller à Maroc se faire volontairement esclave d'un autre Esclave.

La conduite des Marchands n'est pas plus sensée que celle des Nobles & des Bourgeois. Ils s'agitent, ils se fatiguent perpétuellement, ils vont jusqu'aux extrémités du monde chercher sous un autre Soleil les choses que la Nature a refusées à leurs Climats. Ils employent leurs jours à amasser des richesses, dans le dessein de se mettre au rang des Nobles; ils sont assez sots & assez imbéciles pour se figurer que l'on n'est heureux qu'autant que l'on est Seigneur d'un Fief. Ou ils meurent avec la douleur de n'avoir pu obtenir un morceau de Parchemin, dont ils font autant de cas qu'un Janséniste du Portrait de l'Abbé Paris; ou pour soutenir le nouveau

veau rang de Nobles, ils mangent & consument en très-peu de tems ce qu'ils ont eu tant de peine à acquérir.

L'Ambition est un Vautour attaché au cœur de tous les hommes, & qui les dévore sans cesse; un Philosophe peut avec raison les regarder comme autant de Promethées. Les Princes envient les Etats de leurs voisins: les Courtisans & les Seigneurs gémissent en secret des hommages qu'ils sont forcés de rendre à leurs Souverains: les simples Nobles meurent de chagrin de ne pouvoir s'élever aux premiéres Dignités de l'Etat: les Bourgeois & les Marchands ne travaillent & ne se tourmentent que pour devenir Nobles eux-mêmes: le Laboureur parmi les occupations que lui fournit son état, envie le sort du Bourgeois qu'il regarde comme un homme respectable; ainsi la vie des hommes s'écoule sans qu'ils ayent pu jouir de la moindre tranquilité, & lorsque la mort arrive, au lieu de dire qu'ils ont

vécu,

vécu, ils doivent dire qu'ils ont formé des désirs.

Celui-là est véritablement heureux, qui éloigné du tumulte du monde *, *retiré dans une solitude agréable, & n'ayant point d'ambition jouit d'un bien honnête.* Tous les jours le Soleil naît pour lui serain & sans nuages. Fortuné véritablement d'être ignoré des Grands, & plus encore de ne les point connoître !

Voilà, Monsieur, les premiéres réfléxions que jai faites depuis que je suis dans ma retraite. Je la trouve de jour en jour plus charmante : elle me fournit les moyens de donner cours à mon imagination ; &, en me promenant dans des Allées enchantées, je de-

* Beatus ille, qui procul negotiis,
Ut prisca gens mortalium,
Paterna rura bobus exercet suis,
Solutus omni fœnore !
Neque excitatur classico miles truci,
Neque horret iratum mare,
Forumque vitat, & superba Civium
Potentiorum limina.
Horat. Lib. Epod. II.

demeure des heures entiéres plongé dans une douce rêverie. J'aurai ſoin de vous communiquer mes ſonges, de quelque nature qu'ils ſoient, puiſque vous l'exigez ainſi.

LET-

LETTRE SECONDE,

Sur les Souverains.

Il n'y a point d'état plus envié que celui des Souverains, & peut-être n'y en a-t-il point qui doive l'être moins. La plûpart des hommes s'imaginent qu'un Roi ne sauroit être malheureux : les Sages & les Philosophes regardent comme impossible qu'il puisse jouir d'une véritable felicité. S'il est vertueux, il est sans cesse occupé du soin de son Peuple, il a lui seul autant d'embarras que tous les Chefs de famille de son Royaume. S'il est injuste, cruel, avare, ambitieux : plus il est élevé, plus ces vices le tourmentent ; ce sont autant

tant de Bourreaux dont la Divinité ſe ſert pour vanger l'Humanité mépriſée. Chaque proſcription augmente la frayeur d'un Tyran : il croit affermir ſa puiſſance par le ſang & le carnage ; mais plus ſes crimes multiplient, plus il tremble.

Si lorſqu'on eſt ſur le Trône les paſſions n'avoient plus de pouvoir, le ſort des Rois ſeroit plus heureux que celui de leurs Sujets ; mais ils ſont comme eux remplis de foibleſſes ; l'amour, la jalouſie, la haine, l'envie tour à tour, & quelquefois toutes enſemble, les tourmentent & les déchirent au milieu de leurs Cours. Ils ſont très-ſouvent malheureux dans leur Famille ; & ce Souverain, auquel on porte envie, eſt peut-être haï de ſes enfans, jaloux de ſon épouſe, ennemi de ſes freres, trompé par ſes Favoris. La contrainte dans laquelle la plûpart des Rois ſont obligés de vivre, n'eſt pas un petit obſtacle à cette félicité qu'on leur accorde mal à propos. Ils ne peuvent guère ſe diſpenſer

ſer de ſacrifier leur tranquilité à leur rang; &, s'ils ſont ſages & prudens, ils comprennent combien il leur importe de ſoutenir la Majeſté du Trône. S'ils ſont vains & orgueilleux, leur fierté ne leur permet de goûter aucun plaiſir, aux dépens de cette faſtueuſe grandeur dont ils ſont les victimes. Il arrive très-ſouvent qu'un Roi que le peuple regarde comme auſſi heureux qu'un Dieu, ſe croit plus malheureux qu'un ſimple mortel, & dit comme Agamemnon :

Heureux * qui ſatisfait de ſon humble fortune,
Libre du joug ſuperbe, où je ſuis attaché,
Vit dans l'état obſcur, où les Dieux l'ont caché.

Je ſai bien qu'il y a eu quelques grands Monarques, qui ont joint la liberté

* Iphigénie, Tragédie de Racine Scène première.

liberté d'un ſimple Citoyen à la majeſté du Trône: Henri IV. étoit auſſi peu contraint qu'un ſimple Gentilhomme. Ce grand Prince avoit trouvé le moyen d'allier la ſimplicité avec la grandeur : Il étoit le Roi, le Pere, l'Ami, le Conſolateur, le Juge, & le Protecteur de tous ſes ſujets; mais on a peu de pareils exemples, il ſeroit même dangereux que les Princes vouluſſent l'imiter. Il eſt très-difficile de s'abaiſſer ſans rien perdre de ſa grandeur, & trop de familiarité entre le Souverain & ſes Sujets pourroit un jour être nuiſible au bien de l'Etat. Tel eſt l'égarement des hommes en général, il faut ou les commander avec hauteur, ou s'attendre à les voir bien-tôt déſobéir ; quand je dis avec hauteur, j'entends d'une maniere qui leur en impoſe, mais qui pourtant n'ait rien de contraire à l'equité. Tout Prince qui fonde ſa puiſſance ſur l'injuſtice, creuſe une abîme dans lequel lui ou ſes ſucceſſeurs ſeront un jour engloutis ; les plus grandes & les plus cruelles révolutions n'ont pris leurs sources que dans le Despotisme ou dans la cruauté des Princes.

Que de malheurs ne préviendroit-on pas, que de maux n'éviteroit-on point, si ceux qui approchent des Souverains, qui ont la liberté de leur parler avec confiance, moins attentifs à leurs intérêts, se servoient de leur faveur pour porter au pied du Trône les infortunes des Peuples, & pour donner des avis qui pussent en arrêter le cours! Si les Rois connoissoient combien de pareils Favoris leur seroient utiles, ils en feroient cent fois plus de cas que d'une foule de Flateurs, qui ne servent qu'à les égarer. * *Il n'est aucune condition d'homme, dit Montagne, qui ait si grand besoin que les Princes de vrays & de solides avertissemens..... Ils se trouvent, sans le savoir, engagés en la haine & la détestation de leurs Peuples pour des occasions qu'ils eussent pu*

* Essays de Michel de Montagne, Liv. III. pag. 105.

pu éviter. Donnez-moi, disoit un grand Homme, un bon conseil, j'y serai plus sensible qu'à cet amas de louanges que vous me prodiguez, elles ne servent qu'à m'égarer, si j'y donne trop de croyance.

On se plaint quelquefois dans un Etat de la dureté du Prince : on crie contre lui, on l'accuse de tyrannie, d'injustice, de vexations : il n'est coupable d'aucun de ces crimes : c'est dans ses Ministres, dans ses Favoris, qu'il faut les chercher : il n'a commis d'autre faute que celle de croire aveuglément ce qu'on lui disoit ; il a fait du mal lorsqu'il croyoit faire du bien, & cependant il est responsable de tous les maux qu'a causé sa crédulité.

Si l'on exiloit les flateurs de la Cour des Princes, on banniroit de leurs Etats la misére, la véxation & les troubles. * *Il n'est point de génie*

* Nemo adeo ferus est, ut non mitescere possit;
Si modo culturæ patientem commodet aurem.
Horat. Epist. Lib. I. Epist. I. Vers. 39, 40.

nie, quelqu'infléxible qu'il paroiſſe; qu'une ſalutaire inſtruction ne ramene enfin dans le bon chemin. Néron n'eût peut-être jamais été cruel, s'il n'eût point connu de Narciſſe. Tant qu'il écouta Sénéque & Burrus, il fut vertueux. Les Mignons & les Favoris perdirent Henri III. ce furent eux qui le plongérent dans cet abîme de maux dont il ne put jamais ſortir.

Les Souverains qui ſe livrent aux Flateurs, deviennent les eſclaves de quiconque ſait les louer : ils ſont gouvernés par des gens qu'ils croyent gouverner : ils ne peuvent même ſe ſervir de leurs connoiſſances pour éviter de leur obéir ; un homme qui ſait manier nos paſſions, & nous toucher par les endroits les plus ſenſibles n'a guères à craindre de notre raiſon.

L'amour ne cauſe pas moins de déſordres chez les Princes, que la flaterie & la baſſe adulation. Un Monarque ſur l'eſprit duquel les Femmes ont un pouvoir abſolu, n'eſt jamais

mais assuré de sa gloire ; une Maîtresse détruit en un instant celle qu'il ne s'est acquise que par vingt années de travaux. Qu'on examine les Règnes des Souverains, qui ont eu pour leurs Maîtresses une forte tendresse, quelques grands Hommes qu'ils ayent été, on trouvera que le Héros s'est souvent éclipsé pour faire place à l'Amant, qui n'a pas manqué de faire un bon nombre de sotises; les complaisances pour certaines Maîtresses ont entraîné des maux que trente ans de travaux & de soins ont eu peine à guérir.

Il est cent fois moins périlleux pour un Etat d'être gouverné par un Roy fainéant que par un Roy amoureux. Si le premier nomme pour son Ministre un habile homme, sa fainéantise peut devenir utile à ses Sujets ; mais le dernier n'est ni le maître d'agir, ni de faire agir, comme esclave il ne peut qu'obéir.

Dès qu'un Prince se livre à l'amour toute sa Cour se fait une gloire de resſentir la même paſſion : les Favoris, les Miniſtres, les Courtiſans, tout le monde veut avoir le cœur tendre; & qu'arrive-t-il de cette contagion amoureuſe? Les Dames prennent le timon du Gouvernement; la Maîtreſſe du Roi, celle du premier Miniſtre, celles des Favoris, ſe liguent enſemble pour diſpoſer des emplois, & conduiſent toutes les affaires à leur fantaiſie. S'il arrive par hazard quelques brouilleries entr'elles, l'Etat s'en reſſent conſidérablement ; la tranquilité publique dépend de l'union de deux ou trois femmes ambitieuſes, dont toute la politique ſe rapporte à leur intérêt particulier. On a vu quelquefois une pareille forme de Gouvernement ſous des Princes, dont on avoit conçu dans les premiéres années une grande opinion, & qui au lieu d'apprendre à règner en gouvernant leurs Peuples, ſembloient avoir totalement oublié leur état, & n'étoient qu'une ombre de la Royauté, dont leurs Maîtreſſes avoient tout le pouvoir.

Qu'un

Qu'un Prince ſe néglige, & qu'il ne travaille pas à perfectionner ſes vertus & ſes talens, il devient plus mauvais & moins eſtimable: il n'eſt aucun point fixe où doive s'arrêter entiérement la ſageſſe d'un Souverain, elle baiſſe, ſi elle n'augmente pas. *Je ne ſai*, dit un Auteur fameux, * *par quelle cauſe ſecrette il arrive dans l'art de gouverner, tout le contraire de ce qu'il arrive dans les autres Sciences; plus les hommes s'y appliquent & plus ils ſe perfectionnent, plus un Prince règne, & moins ordinairement il ſait règner.* Qu'on examine le cours des longs Règnes, & l'on n'aura pas de peine à ſe convaincre de cette vérité. Il eſt peu de Princes qui commencent comme Auguſte, il en eſt encore moins qui finiſſent

* Neſcio qua cauſa occulta præter apertas etiam evenit, ut cum in aliis Artibus uſu homines diſcant, & meliores fiant, in hac regendi fere contra, & Principes inclinent. *Juſt. Lipſ. Monit. & Exemp. Politic. Lib. II, Cap. X. p. 156.*

niſſent comme lui. Chez les Souverains Catholiques, le Confeſſeur eſt auſſi à craindre que la Maîtreſſe, l'un s'empare de l'eſprit comme l'autre fait du cœur ; le Directeur obtient par les biens qu'il promet dans l'autre Monde, ce qu'on accorde à l'Amante en faveur des plaiſirs qu'elle procure en celui-ci. Il arrive quelquefois que, pour règner plus paiſiblement, l'amour & la dévotion font une Ligue offenſive & defenſive : le Confeſſeur & la Maîtreſſe uniſſent leurs interêts, ce qui produit un effet aſſez comique aux yeux d'un Philoſophe : toutes les femmes de la Cour donnent un extérieur de piété à leur galanterie, les Courtiſans, les Petits-Maîtres même affectent un air réſervé, & cette Comédie dure juſqu'à ce que l'amour prenne le deſſus dans le Règne d'un autre Prince ; alors la débauche ſuccède à la feinte dévotion, & le libertinage à l'hypocriſie.

Un Prince qui veut règner dignement par lui-même doit ſe garantir de de tout ce qui peut en imposer à la Raison. Qu'importe au Peuple qu'il soit malheureux par une fausse délicatesse de conscience, ou par une inclination amoureuse ? La cause d'où provient ses malheurs ne les repare pas, & ne justifie point celui qui les occasionne. Il est certain qu'un Prince irréligieux ne peut être regardé comme un grand Monarque ; mais il faut aussi que les Souverains soient attentifs à ne se point laisser entraîner à des craintes superstitieuses, & qu'ils considérent, sans cesse, qu'un faux zèle est quelquefois aussi nuisible à la tranquilité des Etats, que l'impiété même.

La Religion a deux dangereux écueils à éviter, la superstition & l'incrédulité qui l'environnent. Tel est le sort de la misère & de la foiblesse humaine, elle ne peut se tenir qu'avec beaucoup de peine dans un juste milieu, elle donne dans une dévotion outrée, ou tombe dans une irréligion auſſi condamnable. Heureux le Peuple qui eſt gouverné par un Prince qui ne confond point les Loix Divines avec les ſyſtêmes de quelques Théologiens outrés, & qui ſert Dieu avec zèle & ſans être eſclave des Prêtres! Un Souverain dont la conduite eſt auſſi louable, peut compter ſur l'eſtime de la poſtérité la plus reculée.

Si les Princes ambitieux réfléchiſſoient ſur leur état, ils comprendroient que la prudence, la juſtice, & l'équité, leur ſont plus utiles pour immortaliſer leurs noms, que la réduction d'un Royaume, la ruine de cent Villes, & la deſtruction de cent mille hommes. Un Roi juſte & équitable eſt certain de l'amour & de la vénération de tous les Peuples, il eſt aſſuré qu'on le citera dans tous les ſiècles pour le modèle des bons Rois. Un Conquérant au plus haut point de ſa gloire ne peut pas ſe promettre que ſes lauriers ne ſeront point flétris.

Il

* *Il eſt une certaine force ſecrette qui diſſipe les entrepriſes humaines, qui dompte l'orgueil des Grands, & ſe joue des marques les plus éclatantes de leurs dignités.* Quel exemple Charles XII. ne doit-il pas donner aux Monarques enyvrés de leurs grandeurs? Leur fortune eſt quelquefois auſſi fragile que celle des ſimples particuliers. Combien de Princes n'a-t-on pas vûs, dans ces derniers tems, réduits aux plus dures extrémités, errans, proſcrits, fugitifs! Il eſt peu de ſiècles qui n'ayent eu de ces illuſtres Infortunés.

On demande ſouvent quelles ſont les qualites qui forment un grand Prince: le Militaire ſoutient que c'eſt la valeur: le Magiſtrat veut que ce ſoit le maintien des Loix: l'Eccleſiaſtique prétend que c'eſt la devotion: le Moliniſte le reſpect pour le S. Siège:

* *Usqueadeo res humanas vis abdita quædam Obterit, & pulchros Fasces ſævaſque Secures Proculcare, ac ludibrio ſibi habere videtur.*
Lucret. Lib. 5. v. 1231, & ſeq.

ge : le Janséniſte l'attention à conſerver les privilèges de l'Egliſe Gallicane ; le Philoſophe & l'homme de bon ſens penſent que la prudence & la juſtice font ſeules les grands Monarques.

Un Souverain veut-il être digne de commander aux hommes ? qu'il imite Henri IV. ou Louis XV. J'aime encore mieux qu'il ſuive l'exemple du dernier que du premier. Il trouvera chez l'un des vertus plus brillantes ; mais chez l'autre il en decouvrira de plus ſolides. Il verra un jeune Monarque vivant au milieu d'une Cour brillante d'une manière retenue, ne ſe livrant à ſes Courtiſans qu'autant qu'il le juge à propos, montrant aux François, étonnés de ce prodige, un Roi qui n'a point de Maîtreſſe, & qui véritablement pieux, ne donne cependant aux Eccléſiaſtiques que ce qu'ils doivent avoir. Quoiqu'il ſe confeſſe ſouvent, ſes Peuples ne s'en apperçoivent que pour leur bonheur. Soigneux d'épargner le ſang de de ſes Sujets, il n'a fait la guerre que lorſque ſes ennemis l'y ont contraint : le Ciel protecteur des Monarques juſtes a béni ſes armes : il a ajouté deux Provinces à ſon Royaume ; & ſes premiers Exploits ont été auſſi utiles à la France que les plus brillans de ſon Ayeul.

LETTRE TROISIEME,

Sur les Ministres.

SI l'Emploi de Ministre est le plus brillant d'un Royaume, c'est aussi celui qui entraîne après lui plus de soins, plus d'embarras, & souvent plus de repentir. Un homme sur qui le Souverain se décharge d'une partie des affaires de l'Etat, répond de leur réussite non-seulement au Prince qui les lui confie, mais encore à tout le Peuple qui l'accuse souvent de bien des fautes qu'il ne commit jamais.

Dès qu'un Ministre est haï, quelque chose qu'il fasse, on le condamne toujours. Conseille-t-il à son Prince d'éviter les occasions de faire la guerre, c'eſt un lâche qui déshonore la Nation, qui achete la paix, & qui ruine le Royaume. Eſt-il d'avis qu'on faſſe la guerre, c'eſt un ambitieux, qui, pour plaire à ſon Maître, ſacrifie les biens & la vie des Sujets.

Un particulier qui ſe venge d'un ennemi trouve grand nombre de gens qui l'approuvent, ou du moins qui tâchent de le juſtifier ; mais ſi un Miniſtre punit quelqu'un, tout le monde plaint celui qu'il condamne, rarement le Peuple croit coupables ceux qui ne le ſont déclarés que par la Cour. La haine chez les Courtiſans, les préventions chez les ſimples Citoyens, ſont les cauſes de cette opinion.

Je regarde un Miniſtre comme un homme deſtiné à vivre parmi des ennemis attentifs à trouver le moyen de l'accabler, & qui n'a d'autre reſſource pour ſe défendre que la protection du Souverain, qu'il ne conſerve qu'autant qu'il ſait ſe rendre utile & agréable. L'inſtant où il ceſſe de plaire eſt celui de ſon anéantiſſement : il n'eſt pour lui aucun milieu, il eſſuye, dès qu'il eſt diſgracié, les mépris les plus outrageans.

Un Miniſtre reſſemble à une Idole; tant qu'on la croit participer des rayons de la Divinité, on l'adore, on la reſpecte; ſi l'on découvre qu'elle n'a aucune vertu, on la renverſe, on la briſe, on la foule aux pieds. Combien n'y en aura-t'il pas qui le ſeront dans le même eſpace de tems!

Si la fortune n'aveugloit point les Miniſtres, ils devroient dire tous les ſoirs en ſe couchant; peut-être demain ſerai-je exilé, diſgracié, ou banni. Que ſai-je actuellement, s'il n'y a point quelque nouvelle Maîtreſſe qui demande mon exil, quelque Favori ſecret auquel on me ſacrifie!

Les Peuples ſeroient heureux ſi ceux qui ſont à la tête des affaires faiſoient de ſemblables réfléxions. Sans doute qu'ils diroient: ne ſongeons point à acquérir des richeſſes, qui peut-être nous ſeront inutiles: ne nous énorgueilliſſons point d'un rang que

nous

nous ſommes à la veille de perdre ; mais appliquons-nous à rendre l'Etat heureux, & préparons-nous une reſſource & une conſolation contre les caprices du ſort dans le cœur de tous les Citoyens. Que le Prince connoiſſe par le regret qu'ils auront de ma perte de quelle utilité je lui étois.

Ceux qui n'ont qu'une foible connoiſſance des hommes ſe figurent qu'un Miniſtre attentif à obſerver les loix les plus exactes de la probité, a plus de peine à ſe ſoutenir contre ſes ennemis, & à venir à bout de ſes entrepriſes, que celui qui ſacrifie tout à une Politique *Machiaveliſte* qui détermine toutes ſes actions ; mais l'expérience a prouvé autrefois & prouve encore aujourd'hui le contraire. Le Cardinal Mazarin lutta pendant quinze ans contre ſes ennemis : ſa politique lui fut ſouvent auſſi funeſte qu'elle le fut à ſes adverſaires. La conduite du Miniſtre, * qui règne au

* Mr. le Cardinal de Fleury.

aujourd'hui a facilité des Traités de Paix & d'Alliance, que la Politique la plus rusée ne fut pas venue à bout de conclure. Les Etrangers savent mieux que nous combien la confiance qu'on a à sa bonne foi est utile au Prince & à l'Etat. Les *Machiavelistes* prônent envain leurs maximes dangereuses ; il y a une grande différence entre la fourbe & la prudence ; le Mentor de Mr. de Cambrai est un Héros, le Prince de *Machiavel* est un Scélérat.

LET-

LETTRE QUATRIEME,

Sur les Courtiſans.

ON envie dans les Provinces le ſort des Courtiſans, on les regarde comme les mortels les plus heureux : à Paris on eſt moins prévenu & moins perſuadé de leur bonheur ; à Verſailles on les plaint, & l'on nomme Eſclavage ce qu'ailleurs on appelle Grandeur.

Il ſemble qu'on peut avec raiſon comparer l'état des Courtiſans à ces Tableaux qui ne ſauroient ſouffrir qu'on les examine de près : il faut les conſidérer d'un certain point de vûe & à une certaine diſtance ; ſans cela on apperçoit mille traits groſſiers dont on eſt frappé, & qui diſparoiſſent lorſqu'on eſt dans l'éloignement.

Un

Un homme, à qui la Cour est parfaitement inconnue, entend dire dans le fond de sa Province, ou au milieu de Paris, que Mr. le Duc *** parle au Roi tous les jours, qu'il l'accompagne à la chasse, qu'il boit & mange avec lui : en voilà assez pour qu'il se persuade que ce Seigneur est l'ami de cœur de son Souverain : il juge de ce que doit faire un Roi par ce qu'il fait lui même ; il ignore que ces faveurs, qu'il qualifie marques d'amitié, sont souvent prodiguées indifféremment, & toujours achetées par des soins redoublés & des peines infinies.

Un Courtisan qui feroit pour Dieu la moitié de ce qu'il fait pour obtenir un regard favorable du Prince, mériteroit d'être canonisé comme Martyr : il n'est aucun Seigneur qui ne souffre cent fois dans le cours d'une année toutes les incommodités auxquelles le Ciel a soumis la Nature. On regarde comme un prodige & comme une chose incroyable que St. Simeon Stylite ait passé vingt années

en

en méditation ſur une Colonne de 30 pieds de hauteur; il eſt peu de Courtiſans âgés de ſoixante ans, qui n'en ayent paſsé quarante dans l'Antichambre du Roy & celle du Miniſtre. Quel rôle, quelle mortification, pour des gens remplis d'orgueil & de vanité, d'être obligés d'acheter par la ſervitude la plus pénible, l'avantage d'être le premier ou le ſecond Eſclave.

L'amour de la Cour eſt une maladie que les Seigneurs ont dans le ſang, ils la donnent à leurs fils, & ceux-ci la tranſmettent à leurs deſcendans. Je croirois volontiers qu'il y a chez les Courtiſans plus que du préjugé. Je ne puis comprendre comment des gens qui peuvent être libres, tranquiles, heureux, ſe chargent de fers qu'il font paſſer de génération en génération. Si l'on n'avoit pas des preuves inconteſtables de cette vérité, on croiroit que ceux qui la ſoutiennent, voudroient éprouver juſqu'où peut aller la crédulité des hommes.

En cherchant quel étoit l'appas le plus

plus flateur & le plus capable de séduire les Courtisans, j'ai découvert avec une extrême surprise que le désir de passer dans l'esprit du Vulgaire pour des gens d'importance, & de trancher du Souverain deux ou trois momens dans la journée, les rendoit esclaves toute leur vie.

Lorsqu'un Courtisan part de Paris au sortir de l'Opera pour se rendre en poste au souper du Roi, je crois voir un Comédien condamné à une Prison perpétuelle, d'où on le fait sortir une heure chaque jour, pour aller jouer le rôle de Marquis, ou d'homme à bonne fortune. Heureux le Gentilhomme, disoit Henri IV. qui content d'un bien honnête ne me connoît point, & n'est point connu de moi ! Ce Roi avoit fait sous Henri III. son Prédécesseur, le manége de Courtisan, & en connoissoit le ridicule & l'embarras.

LETTRE CINQUIEME,

Sur les Magiſtrats, & ſur la vénalité des Charges.

ON achete en France le droit de juger les hommes, comme celui de les voler : quiconque a de l'argent, eſt maître de choiſir une Charge de Robe, ou un Emploi dans les Finances : il ne faut guère plus de ſcience pour être Conſeiller au Parlement, que pour être Fermier Général ; il faut ſeulement eſſuyer plus de cérémonies.

Je trouve une parfaite reſſemblance entre la reception du Malade imaginaire de Moliére, au Corps de la Faculté, & celle des jeunes Magiſtrats dans les Tribunaux où ils ſont reçus.

reçus. On exige d'eux qu'ils recitent quelques lignes de Latin qu'ils ont eu la précaution de faire composer : les Magistrats qui sont chargés de les interroger, leur communiquent les Objections qu'ils doivent leur faire : ils apprennent ces Argumens & leur solution par cœur ; & toute la science qu'il faut pour devenir l'Arbitre de la vie & des biens des hommes, consiste dans la faculté de pouvoir retenir deux ou trois pages de Latin.

Il arrive quelquefois, malgré cette grande facilité qu'on a de se faire aggréger dans un Tribunal Souverain, que certaines personnes ne peuvent remplir les devoirs qu'on en exige : elles estropient la Harangue qu'on leur a composée, & répondent à un Argument par la solution d'un autre : cela déconcerte un peu les Assistans ; mais comme il faut enfin que le Récipiendaire soit reçu, puisqu'il a payé la Charge, on a trouvé un expédient assez comique, pour accor-

accorder l'ignorance des jeunes Magiſtrats avec le *Decorum* de leur profeſſion. On insére dans l'Arrêt de leur réception une Clauſe par laquelle il eſt dit qu'on les aggrége au Corps par l'eſpérance qu'on a qu'ils étudieront dans la ſuite, *ſub ſpe futuri ſtudii.* C'eſt-là le reméde à tous les maux, & avec ces quatre mots Latins, & vingt mille écus, l'homme le plus ignorant peut choiſir tel Parlement qu'il veut dans le Royaume, pour y décider des plus grandes affaires.

Il en eſt de la plûpart des jeunes Magiſtrats comme des nouveaux Médecins. Ces derniers ne deviennent habiles qu'à force de tuer un bon nombre de Malades, & les autres ſont reçus dans leurs Charges par l'eſpoir qu'on a qu'après avoir rendu beaucoup de Jugemens faux, ridicules, injuſtes, ils viendront enfin à prendre des idées plus ſages & plus équitables.

C'eſt un proverbe établi dans tous

les Tribunaux de Judicature, *que les ſeules murailles du Palais rendent plus habile que l'étude de tous les Juriſconſultes Romains.* La plus grande partie des Magiſtrats publient ſans ceſſe cette opinion, & j'ai connu un vieux Conſeiller au Parlement de *** honnête homme, mais ignorant, qui m'a aſſuré pluſieurs fois avec beaucoup de confiance que le plus grand malheur qui pût arriver à un Juge, c'étoit de s'entêter d'Auteurs & des Loix Romaines.

A quoi ſervent, me diſoit-il, tous les raiſonnemens de vos Bartolles & de vos Dumoulins? le Bon-Sens en fait plus que tous ces gens-là; s'ils avoient été Juges, ils auroient fait de grands diſcours, cité du Grec & du Latin, & rendu de très-mauvais Jugemens. Voyez Mr. le Préſident de P *** c'eſt un Savant, il ſait par cœur le Code & le Digeſte, de dix Arrêts que donne la Grand'-Chambre, il y en a neuf qui paſſent contre ſon ſentiment.

Ce

Ce que vous me dites, répondis-je à ce Conſeiller, ne prouve point que les ſentimens de Mr. le Préſident de P *** ſoient mauvais, il montre ſeulement qu'on ne les ſuit point, & tant pis peut-être pour ceux qui s'en éloignent.

Bon, repliqua le Conſeiller, voilà les diſcours que font à leurs Parties les Avocats qui perdent leur cauſe. *Votre affaire etoit excellente*, diſent-ils, *vous avez été condamné contre les Loix; Mr. le Préſident de P *** a parlé pendant deux heures en votre faveur dans la Chambre, l'autorité d'un auſſi ſavant Magiſtrat doit vous être une preuve de votre bon droit.* Toutes ces phraſes, je l'avoue, ſont fort belles & fort flateuſes; mais elles ne démontrent point qu'un homme ait lui ſeul plus de bon-ſens que dix autres, qui ont autant d'expérience que lui. Eh, morbleu, pour ſavoir qu'il faut donner à chacun ce qui lui appartient, eſt-il néceſſaire d'entendre le Grec & le Latin?

Les premiers Juges avoient-ils des Bibliothéques, & passoient-ils leur vie à concilier les sentimens de D'Argentré avec ceux de Cujas ?

Mais, repartis-je, vous m'avouerez qu'il y a des Questions qui ne peuvent être éclaircies que par le secours du Droit Ecrit : comment pourra-t-on en venir à bout, si l'on est privé de ce secours, & si l'on ignore les moyens de s'en servir ?

Et les Avocats, repliqua le Conseiller, les comptez-vous pour rien ? Croyez-vous qu'ils jouiront impunément du privilége de nous ennuyer pendant toute une année ? Il est bien juste qu'ils nous soient du moins utiles quelquefois. Dans les Questions purement de Droit, c'est à eux à nous développer les matiéres : alors nous les écoutons citer tous leurs Auteurs, & nous adoptons le sentiment de celui qui nous paroît le plus raisonnable ; & nous devenons non-seulement les Juges des parties, mais encore de ces fameux Docteurs que vous regardez comme des Oracles.

Vous devez craindre, répondis-je, de vous laisser séduire par des gens qui peuvent vous en imposer. Si vous ne connoissez pas les Auteurs qu'on vous cite, comment pouvez-vous savoir si l'on ne les falsifie pas?

C'est à l'Avocat de la partie adverse, reprit le Conseiller, à faire attention à cela: tant pis pour lui, s'il ne dément pas son Adversaire; nous ne pouvons juger que sur ce que l'on nous dit.

Mais enfin, repliquai-je, si la science du Droit est si inutile, d'où vient exige-t-on qu'on fasse du moins semblant de l'étudier pendant trois ans; & pourquoi faut-il avoir le Grade d'Avocat pour être reçu dans les Charges de Judicature?

C'est, répondit le Conseiller, une vieille coûtume, & je la regarde comme aussi peu nécessaire que celle d'apprendre une Harangue par cœur. Je suis certain que la plus grande partie des Magistrats n'ont jamais vû leurs Professeurs, que les jours où ils leur portoient l'argent des *Matricules*. Il faut que chacun vive, Mon cher Mr., les Docteurs en Droit, comme les autres hommes. Que deviendroient leurs revenus, s'ils s'avisoient d'exiger que les Etudians allassent se fourrer toutes les Loix Romaines dans la cervelle ? C'est un bonheur même que cela ne soit pas ainsi ; car, si pour décider si un Pré appartient à Pierre ou à Jean, il falloit consulter cinq ou six cens Jurisconsultes, on n'auroit jamais fini.

Toutes les fois que je pense aux discours de ce Magistrat, je ne puis m'empêcher de gemir du sort des hommes. Leur vie & leurs biens sont entre les mains des gens qui ne choisissent d'autres Guides que leurs propres sentimens, & qui souvent méprisent ceux qui cherchent à s'éclairer. Il est presqu'impossible de remédier à cet abus, puisqu'en France le droit de juger les Citoyens est pour certaines gens un bien de patrimoine.

moine. Beaucoup de peres en mourant, ne laissent à leurs fils pour héritage, qu'une Charge qui perpétue, dans leur famille, le pouvoir de faire payer leurs erreurs & leurs injustices.

LET-

LETTRE SIXIEME,

Sur l'état malheureux de plusieurs Savans.

IL m'arrive quelquefois de réfléchir sur l'état & la situation des Savans. Assis dans ma Bibliothéque je jette les yeux sur les ouvrages de quelques-uns, & considérant combien ils ont mérité du Genre-Humain, & la misère dans laquelle ils ont vécu; je ne puis m'empêcher de déplorer la bizarrerie des hommes, qui ont comblé de biens & d'honneurs un grand nombre de gens qui n'étoient dignes d'aucun estime, tandis qu'ils ont laissé dans l'indigence ceux à qui ils auroient dû élever des Autels. Toutes les Professions, celles même qui ſont les plus viles & les plus mépriſables produiſent de quoi vivre à ceux qui les exercent, & l'Etude entraîne ſouvent après elle la misère la plus déplorable. Un Savant paſſe ſa vie dans la poudre d'une Bibliothéque à déchiffrer des Manuſcrits anciens : un habile Géometre découvre mille vérités utiles par un calcul auſſi juſte qu'il paroît étonnant; quel fruit leur revient-il de tant de peines ? A quoi aboutiſſent tous leurs ſoins & toutes leurs veilles ? Le Valet d'un Sous-Fermier aura dans deux ans plus de revenu qu'ils n'auront de fonds à la fin de leur vie : heureux encore s'ils peuvent amaſſer quelque choſe, & s'ils ne ſont point réduits à mourir à l'Hôpital !

On auroit tort de croire que la misère dont je parle n'attaque que les mauvais Auteurs ; on peut au contraire aſſurer que ceux qui ont eu le plus de mérite ont été quelquefois les plus malheureux. Tout le monde ſait le triſte état où ſe trouva PATRU quelques années avant ſa mort : il fut obligé de vendre le peu de fonds qu'il avoit pour subsister, ses revenus ne le conduisant pas au milieu de l'année ; & comme en vendant les capitaux, ils diminuoient toujours, il fut enfin contraint de vendre sa Bibliothéque. DESPREAUX instruit de l'indigence de ce grand homme, acheta ses Livres, & après les avoir payés, par une générosité digne d'être transmise à la Postérité, il prit le prétexte de n'avoir point d'endroit pour les placer chez lui : il pria PATRU de vouloir les garder encore quelque tems dans sa Bibliothéque ; & il les y laissa durant sept ans, sans les retirer qu'après la mort de cet illustre Avocat. Tout le monde cependant connoissoit son mérite, la Cour, la Ville, le Parlement le regardoient comme le Cicéron François ; mais personne ne l'assistoit, & s'il n'eût été secouru par un Poëte plus charitable que ne le sont ordinairement ses Confréres, peut-être seroit-il mort de faim ; au lieu que s'il eût été Malto-

tier

tier dès sa tendre jeunesse, en s'élevant de vol en vol jusqu'au rang de Fermier-Général, il eût dans peu de tems étonné tout Paris par ses richesses immenses; & que cinq ou six ans d'infamie lui eussent été beaucoup plus utiles, que quarante ou cinquante ans de gloire.

Des exemples aussi suprenans que celui de PATRU ne sont point rares; on feroit aisément des souffrances des Savans & des maux que la misère leur a causés, un Martyrologe aussi gros que celui qui contient les supplices des premiers Chrétiens. Si l'on en trouvoit peu qui fussent entièrement Martyrs de la faim, il y en auroit du moins beaucoup qu'on pourroit ranger au rang des Confesseurs, & dont la Philosophie a essuyé de grandes épreuves. On doit mettre dans cette Classe *Crebillon*, successeur du mérite des *Corneilles* & des *Racines*, doué d'un caractère rempli de candeur & de probité. Combien de tems n'a-t-il pas lutté contre la misère!

J'ai vu pendant un tems , * dit un illustre Ecrivain , *l'Auteur de Radamiste & de Zenobie à la veille de mourir de faim à Paris. Ne seroit-il pas beaucoup moins honteux pour la France qu'on écrivît : J'ai vu deux cens Faquins en carrosses traînés par des chevaux achetés du sang de la Veuve & de l'Orphelin ?* Si l'on est offensé de voir le crime heureux , on ne l'est point tant que de voir la vertu infortunée.

Je passerois aux hommes leur basse complaisance pour des gens qui n'ont d'autre mérite que celui d'avoir une bonne table & de grands équipages , si l'attention qu'ils ont pour des *Midas*, ne détruisoit point celle qu'ils devroient avoir pour des *Homéres* & des *Sophocles* ; ils en sont venus jusqu'au point de regarder un Savant comme très-heureux dès qu'il peut ne pas mourir de faim. La moindre fortune dans un homme de Lettres paroît

* Mr. de Voltaire, Lettres sur les Anglois.

paroît étonnante, & si après trente ans d'étude & de travail un Ecrivain obtient une pension de cinq ou six cens livres, il est félicité de tous ceux qui le connoissent comme s'il n'avoit plus rien à désirer: tous ses Confréres les Savans lui portent envie; on diroit que tout l'Or du Potoze va rouler chez lui. Si un homme dont le premier métier fut d'être Laquais, & qui n'est dans les Fermes que depuis deux ans, achete une Terre de cent mille écus, peu s'en faut qu'on ne se récrie sur une acquisition aussi modique; les uns le regardent comme un homme fort consciencieux, les autres le taxent de ne point entendre ses affaires.

Le sort de certains Auteurs qui pour sortir de la misère s'attachent auprès de quelques Grands est encore plus à plaindre que celui de ceux qui prennent leurs maux en patience. On peut dire qu'ils vont d'un Ecueil à un autre, & que voulant éviter Charybde ils périssent contre Scylla.

 Dès

Dès qu'un Savant devient le Pensionnaire & le Courtisan d'un Seigneur, il doit compter ce jour pour le dernier de sa liberté. Quel supplice n'est-ce point pour un homme qui pense, qui fait usage de sa raison, d'être obligé d'applaudir aux choses les plus ridicules & les plus extravagantes? Cependant il faut absolument les approuver, & l'on est payé pour cela. Si le stupide Bienfaiteur dit une bêtise, il faut sourire & montrer une surprise aussi agréable, que si l'on avoit oui une saillie des plus ingenieuses. S'il parle de quelque Science, dont il n'aura pas la moindre teinture, il faut se récrier, sur sa profonde érudition. C'est en vain qu'un reste de pudeur & d'amour pour la vérité semblent s'opposer à ces louanges déplacées, il faut se résoudre à les prodiguer, ou risquer de perdre sa pension, & de retourner à son premier état.

Les éloges qu'on arrache à un Savant payé pour applaudir, ne sont pas les seules choses qui le mortifient, il en en essuye cent autres. Tous les jours il est exposé aux caprices, à l'orgueil, à la vanité d'un Etourdi, d'un Sot, qui ne le considére que comme une espèce d'animal rare qu'il entretient par grandeur. Il est plusieurs Grands qui pensent qu'ils doivent avoir trois ou quatre Savans à leurs gages, quoiqu'ils ne leur soient d'aucune utilité, comme ils ont trente chevaux de main dans leurs Ecuries, dont ils ne font aucun usage. Ils n'ont guère plus d'égard pour les uns que pour les autres, & ils les traitent presque avec autant de mépris. Combien de Savans attachés à des Seigneurs ont eu la douleur de voir qu'on leur a préféré un simple Laquais dans une grace qu'ils demandoient tous deux! Le Domestique avoit des talens bien plus précieux pour son Maître que l'habile Ecrivain : il savoit conduire adroitement une Grisette par un Escalier dérobé; rendre un Billet doux à la femme d'un mari jaloux; déterrer dans Paris quelque fille aimable à table, & charmante pour une partie de ſoupé.

Quel déſagrément n'eſt-ce point pour un homme qui connoît ce qu'il mérite, & combien il eſt plus digne des faveurs de la fortune, que celui à qui il eſt attaché, d'être réduit à vivre dans une contrainte auſſi dure? Il n'y a perſonne qui ne ſente tout le poids d'un fardeau ſi péſant; mais il devient encore plus à charge à un Savant, pour peu qu'il faſſe réflexion à ſon état. Il comprend qu'il a fait une eſclave de cette liberté que la Philoſophie met à un ſi haut prix: il eſt tenté de rompre ſa chaîne, mais la crainte de perdre ſa penſion le retient; il paſſe ſa vie à ſonger lequel des deux partis il choiſira, ou de reſter dans la ſervitude, ou de mourir de faim.

LET-

LETTRE SEPTIEME,

Sur le Caractère des demi-Savans.

LA misère dans laquelle se trouvent beaucoup d'Auteurs, est la principale cause des disputes qui naissent journellement dans la République des Lettres. L'avidité d'obtenir ce qu'on donne à un autre : l'envie d'êre le seul à travailler pour certains Libraires : la crainte qu'on ne préfère les Ouvrages d'un Concurrent, tout cela cause ces divisions si communes parmi les gens de Lettres, qu'on peut les comparer justement à des Marchands avides, qui sont attentifs à décréditer les Marchandises des autres, & soigneux d'attirer par toutes ſortes de ſtratagêmes le monde dans leurs boutiques.

Rien ne reſſemble plus au Magaſin d'un Commerçant que le Cabinet des Auteurs qui ſont forcés de travailler pour vivre : ils y fabriquent toutes ſortes d'Ouvrages, Hiſtoire, Poëſie, Romans, Diſſertations Mathématiques, Lettres Galantes ; tout s'y trouve. Ils ont même attention d'avoir quelques petits Livres de piété en cas de beſoin, & pour être parfaitement aſſortis. Il eſt vrai qu'on doit regarder ces ſortes d'Ouvrages comme les armes qui ſe fabriquent en Forez *, ils ſont d'un prix auſſi bas & auſſi modique. Cependant on ne laiſſe pas que de les débiter, & ſouvent les Libraires aiment mieux acheter d'un Savant boutiquier dont ils ont fort bon marché, que d'un Ecrivain qui étant à l'abri de l'indigence travaille avec ſoin, & veut

* Province de France connue par la grande quantité de ſes Forges.

veut être payé de ses peines. C'est là la source de tant de mauvais Livres qu'on imprime tous les jours, & qui souvent se vendent aussi-bien que les plus excellens.

L'Auteur d'un Ouvrage fait à la toise, a grand soin de le louer dans la Preface, de blâmer d'une maniére vive les plus grands Heros de la Littérature. Comme le Monde est rempli de Sots faciles à prevenir, lorsqu'ils viennent à lire ces Critiques ridicules, ils se figurent que des hommes assez hardis pour oser attaquer des gens qui se font un nom illustre, doivent pour le moins aller de pair avec eux. Un tel, disent-ils, a écrit d'une maniére bien pressante contre cet Académicien, il faut qu'il ait raison, car on ne lui a point réponda. Ignorans, qui ne voyent pas qu'un Ecrivain d'un certain rang s'avilit en se justifiant contre les critiques d'un Barbouilleur de papier, ou d'un homme qui n'écrit que par jalousie !

Quel supplice ne seroit-ce pas pour un

un Savant, qui peut braver l'indigence, d'être obligé de répondre à toutes les productions que fournit la mauvaise humeur de quelques gens dont l'esprit est aigri par l'envie & par la misère! Ne seroit-il pas ridicule que Mr. DE VOLTAIRE se fut donné la peine de se justifier contre certaines Critiques qu'on a faites de son Histoire de Charles XII. dans la Préface d'un Livre pitoyable, intitulé Histoire d'Auguste Roi de Pologne? Ce qu'il y a de plus extraordinaire dans ce procédé, c'est la hardiesse de ceux qui ont osé, dans un si mauvais Ouvrage, attaquer sans ménagement un Auteur qui avoit en main de quoi les anéantir, s'il avoit daigné prendre la plume contre eux. Peut-être ont-ils bien fait ces réflexions, mais le désir de l'Or les a emportés: ils ont cru en offensant cet illustre Auteur donner un relief à leurs Ecrits, & en augmenter par-là le débit; ils ont même été assez fous de croire que cela les rendroit plus recommandables. C'est par la même raison

raiſon que Zoïle ſe déchaîna contre Homére.

* Avidité de l'or que ne fais-tu pas faire ?

Lorſque l'Auteur des Mémoires d'un Homme de qualité fut en Hollande, preſque tous les Ecrivains de ce Païs prirent l'allarme. Ils le regardérent comme un fleau auſſi terrible pour eux que la peſte & la famine : ils employerent tous les moyens qu'ils purent imaginer pour le décréditer dans le public : las de critiquer inutilement ſes Ouvrages, ils ſe déchaînérent en injures les plus groſſiéres : mais ils eurent la douleur d'avoir criaillé vainement, & de voir que les Ecrits de cet Auteur étoient pour eux la lime que la Couleuvre de la fable vouloit ronger. Ils furent contraints de prendre patience ; & n'eu-

* *Auri ſacra fames, quid non mortalia cogis Pectora?*
Virgil. Eneid. Lib. 3.

n'eurent d'autre consolation que celle de faire quelques mauvaises allégories, qui passerent de la Boutique du Libraire à celle de l'Epicier. Ce fut là le sort qu'eut le Roman intitulé le Fanferedin & un ou deux autres Ouvrages aussi mauvais.

L'avidité du gain excite non-seulement la jalousie des Ecrivains subalternes contre ceux de la premiére Classe; mais elle les arme les uns contre les autres, & ils n'ont aucun égard pour leurs Confréres du second ordre.

Il y a quelque tems que deux ou trois Auteurs, las de lutter les uns contre les autres, & d'être sans cesse comme des chiens en arrêt à la porte des Libraires pour se faire employer les premiers, resolurent de s'unir ensemble, & de partager leur fortune. Pour donner plus de réputation à leur union ils la décorérent du titre pompeux de Société Littéraire. L'ouverture de leurs Séances fut célébrée par une Fête magnifique; tous les Libraires y furent invi-

tés,

tés, & les autres Auteurs ſe crurent déſormais perdus. Le Public comptoit deja de voir ſortir de cette nouvelle Académie des Ouvrages dignes de la plus reculée poſtérité ; mais ſes eſpérances furent bien-tôt trompées, & trois ſemaines ou un mois après ce fameux Etabliſſement, il vit avec la derniére ſurpriſe ces Auteurs diviſés & n'ayant plus rien de commun entre eux. Leurs épouſes furent les premiéres qui ébranlérent les fondemens de cette Société. Comme ces Savans étoient logés dans la même maiſon, qu'ils mangoient enſemble, & que chaque femme faiſoit à ſon tour la dépenſe pendant une ſemaine, ces Muſes modernes mettoient ſur le compte de la Communauté quelques livres de viande de plus, & ne furent pas long-tems ſans ſe réprocher leurs vérités. Les Aſſociés entrérent dans leurs differends : les eſprits s'aigrirent de part & d'autre, la Société fut rompue pour trente ou quarante ſols : la naiſſante Rivale de l'Académie des Scien-

Sciences fut entièrement détruite ; & les Auteurs répandus dans la Hollande en rendirent au Ciel des graces solemnelles.

Quelque condamnable que soit le caractère jaloux des demi-Savans, il est cependant beaucoup moins digne de blâme que la façon dont ils écrivent souvent les uns contre les autres. Non contens d'attaquer leurs Ouvrages, ils invectivent les uns contre les autres & l'on diroit que leurs Ecrits sont les Compilations des disputes des Harangéres & des Porte-faix.

Ce qu'il y a de plus étonnant, c'est que certains Auteurs en attaquent d'autres pour de l'argent, & les accablent d'injures atroces, sans avoir aucun sujet de se plaindre d'eux. Je compare ces Ecrivains aux Bandits du Royaume de Naples qui se louent pour assassiner, & qui mettent un certain prix à chaque meurtre, selon la difficulté qui se rencontre à l'exécuter.

Qu'ont

Qu'ont de commun les Ecrits d'un Auteur avec sa personne? Le corps n'est point membre de la République des Lettres, il n'y a que l'esprit : ainsi qu'on critique tant qu'on voudra un Ouvrage ; mais qu'on n'introduise pas sur le Parnasse le langage des Halles. Qu'importe à un Lecteur de savoir qu'un tel Auteur est cocu, qu'un autre est débauché, &c? qu'a cela de commun avec leurs Ecrits ?

Il n'est rien qui indigne plus les honnêtes gens que ces sortes de digressions honteuses & déplacées ; elles rendent méprisables les Savans & avilissent les Belles-Lettres. Peut on ne pas trouver affreux la maniére dont l'Auteur de la Gazette des Savans & celui des Lettres sérieuses & badines ont écrit l'un contre l'autre ? L'on ne sauroit pousser l'extravagance & la folie plus loin que de se traiter de *Cocu*, de *Giton*, de *Scélérat*, & d'affecter de se dire les injures les plus grossiéres dans toutes sortes de Langues. Que peut penser d'une pareille conduite un honnête homme, & quel mépris n'a-t-il point pour des gens qui n'ont pas honte d'écrire des infamies, que des Fiacres & des Portefaix ne se reprochent que lorsque le Vin ou l'Eau-de-Vie les a privés entiérement de la raison. Dans la dispute dont je parle, l'Auteur des Lettres sérieuses & badines étoit encore plus coupable que son Adversaire, qu'il n'avoit attaqué que pour complaire à un Libraire qui payoit chaque injure à un certain prix.

Doit-on s'étonner après cela qu'on regarde les Savans, comme on regardoit chez les Juifs les Pharisiens, qui remplis de vices prêchoient une Morale très-rigoureuse, & tâchoient par leur hypocrisie de faire croire qu'ils la pratiquoient ?

Lorsque deux hommes de Lettres se portent à de certains excès, que deviennent alors tous ces beaux Préceptes de la Philosophie qu'ils étalent dans leurs Ecrits ? Est-il rien de si surprenant que de voir un recueil d'invectives auquel on donne le nom de Preface à la tête d'un Livre qui souvent traitera de la Modestie & de la Tempérance ?

Lorsqu'on méprise certains Savans, ne doivent-ils pas se souvenir qu'à tort nous accusons le Destin des malheurs dont nous sommes cause nous-mêmes.

Je sai que la misère, & l'envie de s'en affranchir, peuvent porter les hommes à de grands excès ; mais un Auteur, un Savant & un Philosophe doivent éviter avec soin de tomber dans certains défauts. Puisqu'ils tâchent d'imiter les grands Hommes dans leur façon d'ecrire, ils doivent aussi s'efforcer d'égaler leur vertu, & se faire une loi d'être toujours pauvres, s'ils ne peuvent cesser de l'être qu'en devenant vicieux. J'aime beaucoup mieux Diogéne à demi-nud dans son Tonneau que Jansenius dans son Evêché d'Ypres, qu'il n'avoit obtenu que pour avoir écrit un Libelle diffamatoire contre la France après en avoir reçu mille faveurs.

Je voudrois qu'avant de donner le titre de Savant à quelqu'un, & de le recevoir Membre de la République des Lettres, on l'éprouvât à peu près de la même maniére que les Aigles éprouvent leurs petits : qu'on ne le conduisît pas vers le Soleil, mais vers les richesses : qu'on ne reconnût pour Philosophe & pour Homme de Lettres, que celui qui pourroit les regarder sans être ébloui de leur éclat ; & que tous ceux qui en seroient frappés, fussent déclarés des Savans bâtards & illégitimes.

LET-

LETTRE HUITIEME,

Sur les Femmes.

LOrſque Dieu créa l'homme, il le créa pour être bon & vertueux : il fit la femme pour lui donner une compagne fidéle, qui par ſa fidélité le rendît heureux ; voilà, je crois, les deux choſes que le libre Arbitre a le plus éloignées de la volonté de Dieu.

Il s'en faut bien en général que les hommes ſoient bons & vertueux ; & quant aux femmes la premiére juſtifia bientôt après ſa création, qu'elles ſont beaucoup plus propres à faire donner les hommes au Diable qu'à leur être utiles. Si l'on en croit Machiavel, elles ſont encore aujourd'hui les plus fermes ſoutiens de l'Enfer, & il eſt peu de maris qui dans l'infernal séjour n'accuſent leurs femmes de les y avoir conduits. Je m'étonne que cet Auteur n'ait damné que les Epoux : il auroit bien dû, à mon avis, mettre les Amans dans la même Claſſe, à moins que les ſupplices qu'ils ſouffrent dans ce monde, ne les affranchiſſent de ceux de l'autre.

Plus je conſidére les maux que les femmes cauſent, & plus je ſuis étonné que la Divinité ait jugé à propos d'endormir le bon Adam, de lui ôter une côte, & d'en former une Compagne, qui lui devoit faire faire tant de ſotiſes.

Si Dieu l'eût voulu, nous euſſions pu avoir des enfans de la même maniére que les anciens Payens prétendoient que Minerve & Bacchus avoient été produits : il eût été beaucoup plus heureux pour le Genre-Humain de ſortir de la Cuiſſe ou du Cerveau d'Adam, que du Sein d'une mangeuſe de pomme, dont la gourmandiſe lui fut ſi nuiſible. Que de maux les

les hommes n'eussent-ils point évités! Leurs premiers malheurs ne sont venus que des femmes, & ceux qu'ils souffrent aujourd'hui viennent presque tous de la même cause.

Formez-vous pendant quelques momens l'idée d'une République où il n'y ait point de femmes ; vous verrez que le Luxe, la sotte Vanité, la Médisance, le Meurtre, le Carnage en seront presque bannis.

Dès qu'il n'y a point de femmes la parure des Petits-Maîtres tombe, ou du moins il n'y en a plus que quelques-uns qui soient assez fous pour s'habiller comme des Poupées, afin d'avoir le plaisir de se regarder au miroir : l'orgueil devient le partage de quelques vieux Ecclésiastiques ; & le desir de plaire à quelque fière Beauté n'oblige, plus un nombre d'Adorateurs à disputer entre eux de la magnificence des équipages, de la délicatesse des repas, & de la somptuosité des Bâtimens.

Les hommes en général ne sont mé-

médiſans que pour plaire aux femmes : c'eſt auprès d'elles qu'ils prennent la pernicieuſe habitude de déchirer leur Prochain avec art : chaque Amant offre tous les jours à ſa Maîtreſſe les coups de langue dont il perce les autres femmes ; ce ſont des victimes qu'il immole à la vanité de la beauté qu'il adore.

Entre les gens d'un certain rang la plûpart des duels & des combats ſont occaſionnés par l'amour & par la jalouſie. Qu'on examine attentivement les affaires qui arrivent à la Cour & à la Ville, on verra que de dix, les femmes ont part à neuf directement ou indirectement.

Dans les guerres civiles, dans les troubles les plus dangereux, combien n'ont-elles point influé ? Il ne ſeroit pas difficile de prouver que les plus grands événemens n'ont été causés que par elles. Cléopatre fit perdre à Antoine la Bataille d'Actium & la moitié de l'Empire du Monde. Perſonne n'ignore les maux que fit

au

au Royaume cette Reine qu'on appelle à juſte titre *la Furie* de la France. La Sœur de François I. fut la ſource des Guerres civiles qui durérent près de deux Siécles : elle alluma les feux qui éclatérent ſous Charles IX. François II. & Henri III. M^de^. de Chevreuſe étoit l'ame du Cardinal de Retz : elle fomenta plus elle ſeule les troubles de Paris, que la moitié des Frondeurs.

On ne peut s'empêcher d'avouer que les femmes ont été très-ſouvent les premiers mobiles des guerres, & ont causé la deſtruction des Empires & la ruine des Peuples. Un Philoſophe pourroit même ſoutenir, ſans crainte de paſſer pour extravagant, qu'elles ont été créées par la Divinité pour tenir les hommes dans un perpétuel état de ſouffrances, & pour les faire ſouvenir qu'ils doivent regarder cette vie comme un tiſſu de peines & de chagrins.

Si l'Ecriture ne diſoit pas que Dieu accorda à Eve le titre de *Compagne*, je ne ſerois point ſurpris qu'on lui donnât à elle & à ſes Filles celui de Diablotins, ou d'Anges persécuteurs, puiſque c'eſt effectivement ſous les appas d'un Etre céleſte qu'elles cachent leurs défauts. Eſt-il rien de plus doux, par exemple, de plus modeſte en apparence, qu'une jeune fille qui ſort du Couvent pour entrer dans le monde? Ses yeux craignent de rencontrer ceux que ſa beauté fixe ſur elle, une aimable rougeur colore ſon viſage, ſa timidité qu'on prend pour la ſuite d'une auſtère pudeur en impoſe aux plus circonſpects. Eſt-elle mariée, n'a-t-elle plus beſoin de ſe contraindre? la fierté prend la place de la modeſtie, la hardieſſe celle de la timidité; & ſi elle rougit encore quelquefois, c'eſt d'orgueil, de dépit & de colére.

La plûpart des hommes ſe récrient ſur les infidélités des femmes: les Amans ſe plaignent de leurs Maîtreſſes: les Maris de leurs Epouſes: les Aſſemblées particulières en font la ma-

matiére de leurs converſations : les Tribunaux de Juſtice en retentiſſent ; cependant on voit peu des gens faire aſſez uſage du bon ſens & de la raiſon, pour éviter de donner dans des piéges où l'on voit tomber tous les jours un grand nombre de perſonnes. Le Vieillard & le Jeune-homme, le Courtiſan & le Bourgeois, l'Homme de Lettres & l'Ignorant, tous les hommes enfin ſemblent ſe diſputer à qui ſe rangera le premier ſous l'empire des femmes. Y ſont-ils engagés ? ils ſe plaignent & maudiſſent leur état. Sont-ils aſſez heureux pour en ſortir ? leur félicité fuit comme l'ombre, & paſſe dans un inſtant ; ils ne briſent leurs chaînes que pour ſe donner de nouveaux fers. Leur conduite extraordinaire ſemble aſſez juſtifier que Dieu créa les femmes pour être le fleau perpétuel des hommes, en attribuant un pouvoir irréſiſtible à ces Tyrans des cœurs.

L'infidelité n'eſt pas le plus inſupportable défaut des femmes : un mari dont l'épouſe eſt coquette ou galante n'en eſt ſouvent que plus tranquile dans ſon ménage ; elle a du moins beaucoup plus d'égards pour lui que n'en auroit une vertueuſe, qui fait acheter par mille tourmens une ſageſſe dont elle ſe défera peut-être à la première occaſion, & qu'elle n'a conſervée que parce qu'elle n'a pas trouvé le moyen de s'en débarraſſer. Combien n'y a-t-il pas de femmes à qui la vertu eſt un péſant fardeau, qu'elles portent faute de trouver des gens qui ſoient aſſez officieux pour les en décharger !

Malgré la façon de penſer de la plûpart des hommes, j'oſe ſoutenir hardiment que ce n'eſt point acheter trop cher le repos & la tranquilité de toute ſa vie, que de le payer par un utile cocuage. C'eſt ſur-tout dans cette occaſion qu'on peut appliquer la Maxime DE LA FONTAINE, *Cocuage n'eſt point un mal, quand on le ſait c'eſt peu de choſe, quand on l'ignore ce n'eſt rien.*

Eſt-

Eſt-il ſupplice comparable à celui que ſouffre le mari d'une chaſte Dévote, qui ſe voit obligé de céder tous les jours ſa maiſon à une troupe de pâles Janséniſtes pour y tenir leurs aſſemblées? C'eſt-là que ſe prédiſent les malheurs les plus affreux. L'un annonce le boulleverſement de l'Etat; l'autre fait craindre la peſte & la famine, dignes châtimens de la clôture du Tombeau de l'Abbé Paris. La Dame du logis, Sibylle moderne, fait auſſi ſes prédictions: l'Apocalypſe en main elle dévoile le funeſte avenir qui menace les Moliniſtes; il faut que ſon époux paſſe ſa vie au milieu de cette eſpèce de Sabat, heureux encore s'il n'eſt point forcé, pour obtenir la faveur de coucher avec ſa femme, d'appeller *au futur Concile*, & de riſquer d'être exilé au bout du Royaume!

L'époux d'une femme avaricieuſe eſt encore plus à plaindre que celui d'une dévote. Deſtiné à un jeûne également long & pénible; il fait une

une rigoureuſe pénitence, qui ne ſauroit être méritoire parce qu'elle eſt forcée : il eſſuye mille avanies que lui attire la léſine de ſa Moitié ; s'il s'aviſe d'en vouloir murmurer, on le traite de prodigue, de débauché, de diſſipateur, peu s'en faut qu'on n'aille juſqu'à lui faire donner un Curateur.

Les Loix permettent bien à une femme de quitter ſon mari ; mais elles ne lui accordent point le privilège de la renvoyer. Auſſi a-t-elle eu grand ſoin en l'épouſant de ſe faire aſſigner un bon fonds pour ſon entretien en cas qu'elle vienne à ſe séparer. Peut-on rien voir de plus extravagant qu'une pareille Coûtume, & ne faut-il pas qu'un homme ſoit entiérement privé de l'uſage de ſa raiſon pour fournir à ſa femme un ſujet de rebellion, & pour lui en faire acquérir le droit par Contrat public ?

Les Philoſophes qui ont examiné l'Eſprit humain avec la plus grande at-

attention, ont soutenu que l'homme est un Animal dont la folie excite les ris ou les pleurs ; ils auroient pu ajoûter que s'il est toujours fou, il extravague doublement dans ce qui regarde les femmes.

LETTRE NEUVIEME,

Sur le même ſujet.

J'Etois dans une humeur ſombre & noire lorſque je vous ai écrit ma derniére Lettre, & vous avez pu vous appercevoir qu'il falloit que ma miſantropie fût parvenue à ſon plus haut point. Ma bile s'eſt diſſipée depuis hier, d'autres penſées ont ſuccédé aux premières, je veux me raccomoder avec le BEAU SEXE, & dans ce moment je le crois fort préférable au nôtre. Je remarque dans les femmes mille vertus auxquelles nous ne ſaurions atteindre, & ſi elles nous font faire des fautes, c'eſt à notre foibleſſe & non point à elles

elles que nous devons nous en prendre. Nous les accuſons d'inconſtance & d'infidélité ; mais n'eſt-il pas ridicule qu'ayant fait des Loix qui nous accordent une pleine liberté, tandis qu'elles les réduiſent dans un dur eſclavage , nous nous récrions lorſque quelques-unes d'entr'elles , indociles au joug qu'on leur a imposé, cherchent à s'en affranchir, & à rendre les choſes égales ?

Je ne crois pas débiter un paradoxe en ſoutenant qu'un époux fidele a rarement une épouſe infidéle, & que les femmes ne font guère de bréches à la foi conjugale qu'à l'exemple de leurs maris. Qu'on examine attentivement celles qu'on taxe dans le public de galanterie, on verra qu'elles ne font qu'uſer de repréſailles. On crie ſans ceſſe contre les femmes, on veut qu'elles ayent une vertu à toute épreuve; mais leurs maris ſont-ils plus ſages, ne ſemblent-ils pas leur dire par leur exemple que la chaſteté n'eſt qu'une chimére ; que les hommes ne l'ont recommandée aux femmes que pour ſatisfaire leur amour propre ; & que s'ils avoient cru que le contraire leur eût été avantageux, ils auroient attaché à une femme ſage la même honte qu'à une infidéle.

Si le manque de foi dans le Mariage eſt un crime capital, pourquoi ſera-t-il plus permis à l'époux qu'à l'épouſe de s'en rendre coupable? On donne à un mari volage les titres d'*Homme à bonne fortune*, de *Galant redouté*, de *Tyran des cœurs* ; pourquoi donne-t-on à une femme inconſtante ceux d'*infidéle*, de *perfide*, de *débauchée*? Eſt-ce qu'il en eſt du Mariage comme du Carême? Les hommes ont-ils des droits qui les exemptent d'en obſerver les régles, comme les Evêques en ont pour ne pas faire maigre?

On accuſe le beau Sexe d'occaſionner le luxe des hommes ; mais pourquoi ſont-ils aſſez foibles pour ne pouvoir ſe défendre des impreſſions que font ſont deux beaux yeux? Faudra-t-il pour les rendre ſages que les femmes s'aveuglent, ſe défigurent le viſage, & qu'elles imitent la folie de cet ancien Docteur * ; qui crut ne pouvoir être vertueux qu'en ceſſant d'être homme?

Si quelque choſe montre l'avantage

* On ne peut ſe ſouvenir de l'inhumanité qu'Origéne exerça ſur ſa perſonne, ſans une extreme ſurpriſe : tout ſon eſprit & toutes ſes lumiéres ne purent pas lui découvrir le véritable ſens des paroles de Saint Mathieu, Chap. 9. qu'*il y en a qui ſe ſont fait eunuques eux mémes pour gagner le Royaume des Cieux* : il s'en tint à la lettre dans la penſée qu'il s'ouvriroit un chemin aſſuré pour entrer dans le Ciel; il reconnut enſuite ſa faute mais elle étoit irréparable. L'Egliſe a toujours eu en horreur ceux qui s'étant laiſſés ſéduire par un faux zèle, ont commis ſur eux memes cet attentat. Nous liſons dans le Canon 21. des *Apoſtoliques*, que l'on peut élire pour Evêque un homme qui eſt né eunuque, ou que l'on a rendu tel pendant la perſécution : & dans le 22. il eſt dit que celui qui s'eſt fait eunuque ne peut point être ordonné Clerc, parce qu'il eſt homicide de lui même, & qu'il a détruit l'ouvrage du Seigneur; s'il étoit dans la Cléricature quand il a commis ce crime, il devoit être depoſé ſuivant le Canon 23. & quant aux Laïques, le Canon ſuivant veut qu'on les ſépare de l'Egliſe.

ge des femmes ſur les hommes, c'eſt le peu de peine qu'elles ont à renverſer toutes leurs méſures, à détruire leurs projets, & à les faire changer de réſolution. Elles n'ont pas beſoin pour venir à bout de tout cela d'employer l'artifice ou la feinte: elles n'ont qu'à paroître pour vaincre; les plus ſages ne réſiſtent pas plus long-tems que les plus foibles. L'Aréopage en corps ne put tenir contre les charmes d'une Phrygienne dévoilée, ces Magiſtrats ſi fiers & ſi graves ſe laiſſerent corrompre en un moment.

. Les Juges modernes n'imitent que trop tous les jours les anciens, & les beaux yeux d'une Solliciteuſe vallent mieux pour le gain d'un procès que l'autorité de *Dumoulin* & de *Cujas*.

Après tout, doit-on faire un crime à quelqu'un de ſe ſervir des avantages qu'il a reçus de la Nature: & parce que les hommes ſeront incapables de réſiſter à leurs foibleſſes, qu'ils ſuivront aveuglément leur penchant,

chant, & qu'oubliant leur devoir ils agiront tout autrement qu'ils ne devroient, faudra-t-il s'en prendre aux femmes ; & ne pourront-elles pas elles-mêmes leur reprocher qu'ils ſont la cauſe de leurs galanteries, de leurs infidélités, de leurs médiſances & de leurs caprices ?

S'il n'étoit point d'Amant volage, de Mari infidèle, il ſeroit preſqu'impoſſible qu'il y eût de femme Coquette & de Maîtreſſe inconſtante : chaque femme reſteroit attachée à celui qu'elle auroit d'abord aimé : lorſqu'elle voudroit changer elle ne trouveroit point de Galant, & la néceſſité la rendroit fidéle. En ſuppoſant tous les hommes conſtans il en ſeroit en amour de même qu'en Philoſophie. Si, diſent les Epicuriens, il n'y avoit point de vuide dans la Nature, il n'y auroit aucun mouvement dans l'Univers ; ſi tous les hommes étoient fidéles, il n'y auroit plus de circulation en amour.

Les autres reproches qu'on fait aux fem-

femmes ne ſont guère mieux fondés que ceux dont on les accable tous les jours ſur la galanterie. On les accuſe de vouloir entrer dans les affaires d'Etat, & de fomenter, lorſqu'elles ſont parvenues à leur but, les troubles & les ſéditions; mais pourquoi leur faire un reproche que les hommes méritent mieux qu'elles? S'il s'eſt trouvé des femmes qui ont causé des diviſions & occaſionné des révoltes, combien n'y a-t-il pas eu d'hommes coupables du même crime? La faute de quelque Particulier ne doit point influer ſur le général.

C'eſt mal-à-propos que l'on veut interdire au beau Sexe la ſcience du Gouvernement, l'Hiſtoire ſacrée & prophane rendent comme à l'envi des témoignages éclatans de ſa capacité. La vanité & l'amour propre ſont les ſeules choſes qui ayent pu perſuader aux hommes qu'ils étoient les ſeuls mobiles deſtinés aux grands événemens. La prudence, l'intrépidité, la modération, la conſtance, ſont le

par-

partage des grandes Ames. Il faut en admettant ce principe, qu'on ne sauroit nier, convenir d'une parfaite égalité entre les hommes & les femmes. L'Ame n'a point de sexe lorsqu'elle se porte au *Grand*, elle fait peu de réflexion sur la configuration du Vase qui la contient. Judith profita de la foiblesse qu'on attribue aux femmes, & s'en servit avantageusement; un homme eût pu être moins hardi qu'elle.

Dans tous les Pays les femmes ont donné des marques évidentes qu'elles sont aussi sensibles à la gloire que les Héros qui la cherchent avec tant d'ardeur. A Carthage elles couperent leurs cheveux pour remplacer les cordes qui manquoient aux Arcs des Soldats. *Elles arrachoient leur chevelure*, dit un Auteur, *plutôt qu'elles ne la coupoient, tant l'ardeur d'être utiles à leur Patrie excitoit leur courage!* Les Sabines cimenterent une paix éternelle entre leurs maris & leurs peres, & réunirent en un un ſeul Peuple deux Nations ennemies. Les Dames Romaines ſe défirent pluſieurs fois de leurs bijoux en faveur de la République : leur libéralité lui fut ſi utile, qu'elle leur acquit de la part du Sénat non-ſeulement des actions de graces, mais encore le droit d'Oraiſon funébre après leur mort.

L'Angleterre conſervera pendant tous les Siécles un reſpect infini pour la mémoire de la Reine Eliſabeth. Les Princes qui voudront apprendre à règner, s'inſtruiront en liſant ſa vie, & en tâchant d'imiter ſa conduite. Son exemple peut ſeul juſtifier le droit que les femmes ont au Gouvernement ; & lorſqu'on conſidére les fautes, les cruautés, les injuſtices, les malverſations, qu'ont fait pluſieurs Souverains qui vivoient de ſon tems, on eſt encore plus perſuadé qu'un Trône eſt ſouvent occupé plus dignement par une femme que par un homme.

LETTRE DIXIEME,

Sur les Petits-Maîtres.

LEs réflexions que j'ai faites pour justifier les Femmes, en ont attiré plusieurs autres sur le ridicule de Petits-Maîtres. Je n'ai pu relever les bonnes qualités des premiéres sans être frappé des défauts des derniers. Ce sont eux ordinairement qui composent les Chroniques scandaleuses du beau Sexe : on peut les regarder comme de vils Esclaves, qui, timides & rampans devant leurs Maîtres, se répandent en injures contr'eux, dès qu'ils ont le dos tourné.

Je ne conçois qu'une seule chose qui puisse excuser le caractère médiſant de ces ſortes de gens, c'eſt la jalouſie de métier. Comme ils ſont beaucoup plus femmes que les femmes mêmes, on doit leur paſſer d'être piqués contre une Dame qui aura mieux mis ſon rouge, qui ſera auſſi-bien friſée qu'eux, & dont les mines & les agaceries auront quelque choſe de plus fin.

J'ai eté ſouvent étonné aux Spectacles de voir l'effronterie de ces *Hermaphrodites*, & je ne pouvois m'empêcher de rougir en penſant à l'idée que les Etrangers devoient avoir de notre Nation qui produit de pareils Originaux. Ils s'avançoient au fond du Théâtre, s'y tenoient dans une poſture indécente, affectoient des airs tout ſinguliers, faiſoient des grimaces comiques, prenoient du tabac, crachoient, touſſoient, ſe mouchoient, ſaluoient, lorgnoient, parloient en même tems; & par un talent extraordinaire & qui n'eſt propre qu'à eux, un ſeul homme raſſembloit en lui tous les differens ridicules,

dicules, & les mettoit en œuvre dans le même moment.

Les occupations journaliéres des Petits-Maîtres répondent parfaitement au caractère de leur génie. Ils sont occupés en s'éveillant du soin de leur parure : avant de se déterminer sur l'habit qu'ils mettront, ils consultent leur miroir : il est des couleurs pour relever les teins pâles, il en est d'autres qui servent à diminuer le rouge de ceux qui sont altérés ; c'est la façon dont on a dormi la nuit & dont on a soupé la veille qui décide la maniére de se mettre. Une femme employe moins de tems à sa Toilette qu'un Petit-Maître à se déterminer sur son ajustement : elle est plutôt contente de son Tignon & de sa Coëffure, qu'il ne l'est de son Toupet & du Nœud de sa Bourse.

Lorsqu'après bien des peines & des soins il se croit enfin en état de pouvoir le disputer à la plus fiére Coquette de Paris, il va avant dîné à la Toilette de dix femmes différentes.

& dit à chacune du mal des neuf autres. Il entremêle quelques fades douceurs à ſes médiſances, il ſifle, ou chante un air, prend une main, la baiſe ſans ſavoir ce qu'il fait, jure qu'il n'en a jamais vu d'auſſi belle, & ne la regarde ſeulement pas. Au milieu de ſon diſcours il s'interrompt ſans ſavoir pourquoi, fait deux révérences, ſe retire, & va dans un autre endroit recommencer le même manége; ſemblable à ces Comédiens Eſpagnols qui jouent la Comédie en un ſeul jour dans cinq ou ſix Villages differens.

Le reſte de la journée eſt auſſi-bien employé que la matinée: il va juſqu'à l'heure du Spectacle montrer ſa figure de Poupée aux Tuileries: il l'étale enſuite à l'Amphitéâtre de l'Opera; il ſalue une jolie femme qu'il ne connoît point, & ſourit en la regardant. Si on lui demande où il l'a vue, il affecte un air de myſtère, il ne tient pas à lui qu'on ne croye qu'il eſt bien avec elle. Cependant il n'oublie

blie pas de mettre en uſage les talens dont il eſt doué. Il chante preſque auſſi haut que l'Acteur, bat la meſure, marque la cadance aux Danſeurs ; on croiroit qu'il fait lui ſeul exécuter l'Opera.

Un Gentilhomme Languedocien, placé à l'Opera auprès d'un voiſin auſſi incommode, gémiſſoit de ſon ſort, & l'auroit voulu voir bien loin de lui; ſes ſouhaits étoient inutiles, le Petit-Maître chantoit toujours. Ennuyé de cette pſalmodie il perdit enfin patience & ne put s'empêcher de dire aſſez haut : *Pardi voilà un grand Fat !* Ces paroles ayant frappé l'oreille du Petit-Maître qui ſoupçonnoit qu'elles pouvoient le regarder, il crut devoir s'en expliquer. De qui parlez-vous, Monſieur, dit-il au Gentilhomme ? De ce Coquin de Tevenar, lui répondit-il froidement en lui montrant l'Acteur, qui depuis une heure m'empêche de vous écouter attentivement.

Il ſeroit heureux pour les Petits-

Maîtres qu'on pût les guérir de leurs défauts en leur faiſant ſentir leur ridicule ; mais leur folie eſt incurable, vouloir les rendre ſages, c'eſt prétendre changer l'eſſence des choſes. Lorſque Paris les verra ſensés, les Jeſuites mettront *Janſenius* au nombre des Saints de leur Ordre, les Cordeliers deviendront pieux, les Capucins propres, les Mathurins ſavans, les Procureurs honnêtes gens, les Filles de l'Opera chaſtes, & les Médecins bons Chrétiens *.

* *Ante leves ergo paſcentur in æthere Cervi,*
Et Freta deſtituent nudos in littore Piſces :
Ante pererratis amborum finibus exul,
Aut Ararim Parthus bibet, aut Germania Tigrim.
Virgil. Bucol. Eclog. I.

LET-

LETTRE ONZIEME,

Sur les Nouvelliſtes.

IL eſt une eſpèce de gens preſqu'auſſi ridicules que les Petits-Maîtres. Ce ſont les Nouvelliſtes qui ſe repaiſſent de chiméres, & qui ſont ſans ceſſe occupés d'une curioſité frivole qu'ils regardent comme le dernier effort de l'eſprit humain. Ils s'affectionnent, ſans ſavoir pourquoi, à la gloire & au bonheur de quelque Prince qu'ils n'ont jamais vu, & qu'ils ne verront jamais. Ils embraſſent ſes intérêts avec chaleur : ils annoncent quelles ſont les Villes & les Provinces qu'il doit conquérir : ils ſavent ce qui ſe paſſe de plus ſecret dans ſon Conſeil : & comme me ils n'ignorent point les mesures que prenent ses Ennemis, après avoir bien & duement compensé les desseins des uns & des autres, ils décident souverainement que le Prince pour lequel ils s'intéressent, sera heureux, que ses Généraux seront victorieux, & que tout réussira au gré de ses désirs. Si malheureusement cela n'arrive pas comme ils le voudroient, ils s'emportent contre les caprices de la fortune, ils rejettent sur un Pont rompu, sur un secours arrivé trop tard, sur un Gué que l'on ignoroit, la perte d'une Bataille: ils assurent qu'elle n'est pas si considérable qu'on le dit: ils ont reçu des lettres de plusieurs de leurs amis qui ont été à l'Action; ils se donnent autant de mouvement pour trouver les moyens de réparer ce malheur, que s'ils étoient les premiers Ministres du Prince dont les Troupes ont été battues.

Il est une autre sorte de Nouvellistes qui sont entiérement opposés à ces premiers. Ils prédisent toujours quel-

quelques infortunes ou quelques calamités, au lieu que les autres n'annoncent jamais que des victoires, & tâchent de diminuer les maux qui arrivent. Il y a quelques mois qu'un Nouvelliste assuroit tous les jours aux Tuileries la ruine totale de la France. Le Comte de Sintzendorff, disoit-il, pénétrera dans la Champagne ; Dieu veuille qu'il n'aille pas plus avant ! Lorsqu'il apprit que la Paix étoit faite : je l'avois toujours bien dit, s'écria-t-il, que cette guerre seroit fatale à la France : elle acquiert deux Provinces, la Lorraine & le Duché de Bar, tous les Empires ont péri par leur trop grande etendue ; encore une autre guerre comme celle-ci, & nous aurons le sort des Perses & des Romains.

La grande fureur des Nouvellistes est de ne rien ignorer. Comme ils n'ont pas l'air assez riche pour qu'on croye qu'ils depensent beaucoup en Couriers, on se figureroit presque, si l'on ajoutoit foi à leurs discours, qu'ils ont des Esprits aëriens à leurs gages, & qu'il y a une étroite liaison entr'eux & les Cabalistes.

Le Comte de Montemar a reçu un Courier il y a cinq jours, dit un Nouvelliste assis tranquillement dans la Grande Allée, il ne tardera pas encore une semaine à évacuer la Toscane, j'en ai eu des nouvelles precises. Votre sentiment, répond un autre, me paroît assez probable, il s'accorde avec les Lettres que j'ai reçues de Barcelone, on y désarme la Flotte, & il n'est plus question d'embarquement. Vous me permettrez de n'en rien croire, replique un troisième, parce que je sai de bonne part qu'on y travaille toujours; apparemment que vous êtes mal instruits. Mal instruit! reprend le premier, je parie que mes nouvelles sont bonnes; elles ont toujours été reçues avec applaudissement non-seulement aux Tuileries, mais même au Luxembourg. Cela se peut, dit l'autre, mais les miennes valent bien les vôtres. Cette dispu-

dispute continue pendant plusieurs jours, elle partage tout le Corps des Nouvellistes, & ne finit que par l'arrivée des Gazettes qui ont le droit de terminer toutes les contestations. Les Nouvellistes ont pour ces Feuilles, & surtout pour celles qui viennent de Hollande, autant de respect que les Convulsionnaires pour la Vie du Bienheureux Paris. Elles produisent même un effet semblable sur leurs esprits; car plus d'une heure après la lecture d'une Gazette, un Nouvelliste n'est point encore à lui-même, il a les affaires de l'Europe entière dans sa tête, il faut qu'elles s'evaporent peu à peu.

LETTRE DOUZIEME,

Sur les Visites & les Félicitations.

On doit mettre au nombre des personnes qui passent leur vie dans des occupations frivoles, celles qui employent la leur à faire des visites. Dès quelles ont atteint l'âge de raison elles commencent ce pénible exercice, & ne manquent pas un jour à faire quarante-trois visites avant dîné & cinquante-trois après. Ces sortes de gens ne sauroit en faire moins, ils ont à se rejouir de la naissance de vingt enfans, du mariage de trente filles, du gain de quinze procès; à s'affliger de la mort de quatorze peres de de familles, de celle de huit enfans & de neuf femmes. On diroit qu'ils sont les Cousins-Germains de la Ville de Paris & les proches parens d'un million d'hommes. Ils prennent part à tous les accidens qui arrivent, & dans la même heure ils sont cinq ou six fois gais ou tristes, selon les endroits où ils se trouvent. Ils ont deux formules de complimens, une de felicitation & l'autre de condoléance; ils les repetent toujours, & ne font que changer le nom de la personne. Enfin la mort vient terminer leurs fatigues, & par un sort des plus bizarres, ceux qui ont plaint tout le monde, ne sont regrettés de personne. Souvent même on ignore ce qu'ils sont devenus, & il n'y a que les Suisses & les Portiers qui jugent de leur trépas par leur longue absence.

LETTRE TREIZIEME,

Sur les Actrices de l'Opera.

LA corruption du cœur est aujourd'hui si grande que les Courtisanes & les Filles de l'Opera tiennent un rang distingué à Paris ; elles méprisent l'indigente Bourgeoise, & celle-ci n'a ni assez de courage pour leur disputer le pas, ni assez de vertu pour ne pas envier leur état.

J'ai vu la *De l'Isle & la Camargo*, dans des Carosses dorés, chargés de Laquais devant & derriére. Trois mois auparavant je les avois vues dans les crotes sortant d'un de ces lieux qui ne sont ni cabarets ni Auberges, & où les jeunes Débauchés ne laissent pas de se bien divertir pour leur

leur argent. La fortune de ces sortes de femmes eſt encore plus rapide que celle des Gens d'Affaires, & ſi le Corps des Laquais eſt le Seminaire des Fermiers Généraux, l'Opera n'eſt pas moins celui des Favorites des Princes.

La fureur des Grands pour les Filles de Théâtre, me paroît auſſi extraordinaire que celle des Perſans pour les jeunes femmes du Royaume de Viſapour; cependant l'ame des premiéres eſt auſſi défectueuſe que la peau des derniéres.

Que penſeroit-on d'un Gentilhomme Andalouſien, qui pouvant avoir de ſuperbes Chevaux dans ſon Ecurie ne voudroit ſe ſervir que de quelques miſérables Bidets du Perigord, borgnes, boiteux, fourbus, & qui les mettroit à un haut prix, parce qu'on les auroit enharnachés dans un goût particulier? N'auroit-on pas raiſon de lui dire: à quoi penſez-vous Mr.? Votre fantaiſie vous coûtera cher, vous montez des *Roſſes* qui tôt ou

 tard

tard s'abattront ſous vous ; elles ont les jambes ruinées par le travail, craignez que vous ne vous caſſiez le cou, s'il vous prend envie de galoper. Combien de Seigneurs ont été attrapés pour n'avoir pas voulu profiter des inſtructions qu'on donneroit à l'Andalouſien, & combien n'y en aura-t-il pas qui le ſeront encore !

Je voudrois que pour faire reſſouvenir, ceux qui vont à l'Opera, des dangers qu'ils y courrent, on mît cette inſcription ſur la porte :

LE CRIME TROUVE ICI SA PUNITION.

Mais la mode & la bizarrerie pourroient bien rendre cette ſage précaution inutile. La paſſion pour les Filles de l'Opera eſt une maladie epidémique que l'air du Théâtre communique, & qu'on ne peut éviter ſurement que par la fuite ; quiconque hante les Couliſſes n'eſt pas moins exposé que celui qui vit dans une Infirmerie de peſtiférés. La fureur pour ces Filles a passé de la Capitale dans les Provinces, le mal s'est glissé par tout le Royaume, & l'on est aussi fou à Rouen; à Bourdeaux, à Lyon, & à Marseille, qu'à Paris. Il suffit qu'on sache que Mr. le Prince, ou Mr. le Duc tel, est amoureux d'une Actrice, ou d'une Danseuse, pour que tout ce qu'il y a de plus distingué & de plus considérable dans une Province, s'empresse à l'imiter. Les Gens dont l'état demande une certaine gravité ne sont pas plus sages que les autres sur cet article. Le Magistrat, l'Homme d'épée, & l'Ecclesiastique, se mettent sur les rangs, & se disputent la gloire d'épuiser leurs bourses & d'altérer leurs santés.

Il y a quelque tems que l'Intendant du Quercy devint amoureux d'une Chanteuse nommée La Benard.

Jamais un Intendant ne trouva de cruelle,

Et sur-tout parmi les Filles de l'Opera. Il fit proposer trente Louis à la

Belle : elle consentit volontiers à tout ce qu'on voulut : le rendez-vous fut donné : à l'heure marquée elle se trouva dans un Jardin : l'Amant s'y rendit ; & ils soupérent tous deux tête à tête. Au sortir de table l'Intendant qui vouloit embarrasser sa Maîtresse lui fit présent d'une Bourse dans laquelle il avoit mis trente Jettons de cuivre, & elle les reçut sans les examiner. Auroit-elle jamais soupçonné un Intendant, qui peut faire payer au Roi ses menus plaisirs, de ménager assez les revenus du Monarque ; pour donner du cuivre au lieu d'or ?

A minuit les Amans se retirerent chacun chez soi : l'Intendant alla se livrer à Morphée, & La Benard visiter sa Bourse. Quelle fut sa surprise lorsqu'elle apperçut les Jettons ! Elle ne savoit que penser, il lui vint cent fois dans l'esprit qu'il falloit qu'elle se fût abusée, & que celui qu'elle avoit pris pour un Intendant, étoit quelque Lieutenant d'Infanterie, ou quelque Cadet de Gascogne, qui comme Jupiter avoit

avoit pris la figure du véritable Amphitryon. Elle ſortit le lendemain de ſon erreur en recevant une ſeconde Bourſe que l'Intendant lui envoya, ſoit par conſcience ou par généroſité, & dans laquelle elle trouva les trente beaux Louis en bon métal.

Cette avanture me fait reſſouvenir d'une autre arrivée à Marſeille à La Mariette. Un jeune Officier en devint éperdûment amoureux, & ne ſavoit comment s'y prendre pour pouvoir être heureux. Il avoit d'abord tenté la voie des révérences, des aſſiduités, des diſcours paſſionnés; mais tout cela n'avoit point avancé ſes affaires. La Mariette dès ſa tendre jeuneſſe avoit toujours eu pour principe que les véritables douceurs doivent être dorées: les Complimens n'avoient guère plus de valeur chez elle, que les Billets de Banque en ont aujourd'hui; il falloit de l'or, ou ſe reſoudre à gémir. L'Officier qui n'avoit point du tout, ou que fort peu de ce précieux metal, ne ſavoit

ſavoit à quel Saint ſe vouer, lorſque l'Amour lui inſpira un heureux Stratagême. Il offrit cent Louis à La Mariette, c'étoit s'expliquer en termes trop tendres pour qu'elle pût réſiſter: elle conſentit à tout: il ne fut plus queſtion que de trouver cette ſomme; car La Mariette étoit trop prudente pour donner la moindre faveur à crédit. L'Officier demanda vingt-quatre heures de tems, & remit au lendemain la concluſion de cette affaire. Comme il étoit connu de tous ſes Camarades pour un très-honnête homme, il emprunta trois Louis de l'un, ſix de l'autre, leur promettant de les rendre le lendemain, & fit ſi bien qu'il trouva dans le Régiment la ſomme dont il avoit beſoin. Il acheta deux Bourſes pareilles, mit les cent Louis dans une & cent Jettons dans l'autre: il alla chez La Mariette muni de toutes les deux; & lui dit en ouvrant celle où étoient les cent Louis: Voici la ſomme dont nous ſommes convenus, il ne tiendra pas

à

à moi que vous n'obſerviez ce que vous m'avez promis.

La Mariette frappée de l'éclat de l'or affecta de baiſſer les yeux d'une maniére décontenancée. Mon Dieu, que vous êtes preſſant, dit-elle! vous ne donnez pas aux gens le tems de ſe reconnoître! croyez-vous qu'il ſoit ſi aisé de ſe déterminer, & que la pudeur & la timidité, qui ſont le partage de mon Sexe, ne me faſſent pas ſentir le pas que je vais faire?

Pendant que La Mariette debitoit ſes Sentences, l'Officier avoit remis ſa Bourſe dans ſa poche, & prenant une des mains de la Belle qui hâtoit dans ſon cœur la concluſion de cette affaire: voulez-vous, lui diſoit-il, me faire mourir par vos rigueurs; c'eſt être trop cruelle, & je dois me venger en vous faiſant violence? A ces mots l'Officier tira la Bourſe où étoient les jettons, & la donna à La Mariette, qui trompée par la reſſemblance s'en ſaiſit, & n'eut que le tems de la mettre dans ſa poche; car l'Officier

ficier la pressa, un Canapé se rencontra auprès des deux Amans, & on devine le reste.

L'Amoureux Militaire sentit qu'il devoit profiter de l'occasion : il étoit persuadé qu'il ne la retrouveroit plus; heureusement pour lui il s'y prit de maniére que pendant près de trois heures qu'il resta avec La Mariette, elle ne pensa jamais à ouvrir sa Bourse. Comme elle n'avoit aucun soupçon, soit qu'elle fut occupée des plaisirs présens, soit enfin qu'un reste de pudeur l'empêcha de paroître trop âpre à l'argent, elle ne s'apperçut de la tromperie qu'on lui avoit faite, que lorsque l'Officier fut sorti de chez elle. Il lui écrivit le lendemain cette Lettre, & joignit la satire à la plaisanterie.

LETTRE

DU CHEVALIER DE F*** A MADEMOISELLE MARIETTE.

JE racontai hier au soir à un de mes amis l'avanture qui vous est

eſt arrivée ; après en avoir bien ri il me fit naître des ſcrupules. Comme il eſt fort ſavant, il me cita un grand nombre de Théologiens, & entr'autres pluſieurs Reverends Peres Jéſuites Eſpagnols, qui décident formellement qu'on eſt obligé de payer les faveurs des Dames qui font métier de les vendre. J'ignorois entiérement ces préceptes, & c'eſt ce qui a été cauſe que je vous ai donné cent Jettons au lieu de cent Louis; mais depuis qu'on m'a ouvert les yeux, & qu'on m'a fait connoitre que ma conſcience eſt chargée d'un crime, j'ai réſolu de ne plus vous retenir un ſalaire qui vous appartient ſi légitimement. Je vous envoye un Louis, afin de mettre ma conſcience en repos. C'eſt vous payer, je crois, fort raiſonnablement ; Car ces mêmes Caſuiſtes qui ont été ſi favorables aux Courtiſanes, n'ont pas eu l'attention de faire un Chapitre particulier pour les Filles de l'Opera. De ſorte que juſqu'à ce qu'il ait plu à quelques Théo-

Théologiens de vous donner une place distinguée, je puis en toute ſureté agir avec vous comme avec Jeanneton la Bouquetiére.

LET-

LETTRE QUATORZIEME,

Sur la mort des grands Hommes.

SOlon vouloit qu'on n'aſſurat qu'un homme avoit été heureux que lorſqu'il étoit mort *. Je crois qu'on peut ſe ſervir de la même régle pour décider de la place & du rang que méritent les grands Hommes. Il en eſt qui perdent dans les derniers momens de leur vie une partie de la gloire qu'ils ont acquiſe pendant pluſieurs années ; d'autres couronnent leurs actions, & ſont encore plus grands en mourant qu'ils ne l'ont

* *Expectanda dies homini eſt, dicique beatus*
Ante obitum nemo ſupremaque funera debet.
Ovid. Metamor. Lib. III.

l'ont été en jouissant d'une parfaite santé.

La maniére de recevoir la mort peut illustrer un homme, qui jusque-là ne se sera rendu digne d'aucune estime. Scipion * beau-pere de Pompée rétablit en mourant la mauvaise opinion qu'on avoit eue de lui ; il montra par sa constance & sa hardiesse que les personnes qui paroissent les plus foibles, peuvent quelquefois s'élever jusqu'à la grandeur d'ame des Héros. Ayant été jetté sur les Côtes d'Afrique par une tempête, & voyant son Vaisseau pris par les Ennemis, il voulut sauver en sa personne la gloi-

* *Facilius exhortabor si ostendero non tantum fortes viros hoc momentum efflandæ animæ contempsisse, sed quosdam ad alia ignavos in hac re exæquasse animum fortissimorum, sicut illum Cn. Pompeii socerum Scipionem, qui contrario in Africam vento relatus cum teneri Navem suam videret ab hostibus, ferro se transverberavit : & quærentibus ubi imperator esset ? Imperator, inquit, bene se habet. Vox hæc illum parem Majoribus fecit ; & fatalem Scipionibus in Africa gloriam non est interrumpi passa. Multum fuit Carthaginem vincere, sed amplius mortem.*

Seneca Epist. 24.

gloire des Scipions, & ne put souffrir que l'Afrique accoûtumée à les voir vaincre, en vît mettre un aux fers. Aussi grand que le Vainqueur de Carthage il dompta les horreurs de la mort, & s'étant enfoncé son épée dans le sein, il répondit à un Soldat qui demandoit où étoit le Géneral, le voici, mon ami, & dans l'état qui lui convient.

Lorsqu'on se croit attaché par de forts liens à la vie, on affecte souvent une constance qui s'évanouit à l'approche de la mort : la crainte qu'elle inspire détruit toutes les précautions qu'on a prises pour cacher ses foiblesses : on paroît alors tel qu'on est effectivement : on croit avoir trop à perdre pour ne pas montrer ses regrets., & trop à apprehender pour devoir cacher ses frayeurs ; on parle sincérement *, le cœur se développe, le

* *Nam veræ voces tum demum pectore ab imo Ejiciuntur, & eripitur persona, manet res.* Lucret Lib. III.

le masque tombe, & l'homme paroît tel qu'il est véritablement. Le Débauché qui n'a affecté le caractère d'Esprit-Fort que pour se donner un relief parmi ses Compagnons, ou pour étouffer les rémords dont il étoit agité, non content d'invoquer cette Divinité qu'il refusoit de croire, se voue encore à tous les Saints; aussi superstitieux en mourant qu'il étoit impie lorsqu'il se portoit bien, il demande comme une grace spéciale qu'on l'enterre habillé en Moine *.

Je regarde les derniers momens de la vie comme la Pierre de touche qui distingue le vrai Philosophe de celui qui en a usurpé le nom. Lorsque j'envisage un homme que l'approche de la mort n'épouvante point, qui la voit arriver d'un œil sec & tranquile, qui, ferme dans ses sentimens, n'attend pas cet instant pour s'en rétracter, je reconnois à ces marques le Sage dont les

* Cela se pratique quelquefois en France, & fort communément en Espagne.

les Poëtes nous font un si beau portrait *; je suis rempli de respect pour une personne qui s'éléve au-dessus de l'Humanité, & qui reste maîtresse d'elle-même dans des momens où l'esprit peut à peine faire une partie de ses fonctions.

Pour me préparer à la mort je ne me contente pas de la regarder simplement comme inévitable, je me dis

* *Justum & tenacem propositi virum*
Non Civium ardor prava jubentium,
Non vultus instantis Tyranni
Mente quatit solida, neque Auster
Dux inquieti turbidus Hadriæ,
Nec fulminantis magna manus Jovis:
Si fractus illabatur Orbis,
Impavidum ferient ruinæ.

HORAT. Carmin. Lib. III. 3. 1. & seq.

Le Sage, grand comme les Dieux,
Est maître de ses destinées,
Et de la Fortune, & des Cieux
Tient les Puissances enchainées;
Il règne absolument sur la Terre & sur l'Onde;
Il commande aux Tyrans, il commande au trépas;
Et s'il voyoit périr le Monde,
Le monde en périssant ne l'étonneroit pas.

LA FONTAINE, *Rec. de Poes.*

dis souvent à moi-même que la premiére heure qui nous donne la vie nous l'ôte * : Je considere que dès que l'homme vient au monde, la seule chose dont il soit assuré c'est qu'il mourra : il peut ne vivre que deux heures & ne prendre aucune nourriture ; ainsi la mort est plus intimement attachée à l'Humanité que la faculté de manger, & qu'aucune autre, quelque necessaire que nous croiyons qu'elle nous soit.

A ces premiéres réfléxions j'en joins d'autres sur la maniére dont les grands Philosophes ont envisagé ce dernier moment, & je tâche de me préparer à imiter un jour leur exemple. La plûpart d'entr'eux ont non-seulement envisagé la mort sans frayeur, mais leurs derniers discours ont été remplis d'esprit & de maximes dans un tems, où les liens qui tenoient leur

* *Prima quæ vitam dedit hora carpsit.*
SENEC. Hercul. Fur. Act. 3. Chor. V. 374.

leur ame dans le corps, étoient presque brisés.

Le fameux Hobbes, Anglois, se trouvant dangereusement malade à Paris, le Pere Mersène son ami, alla le visiter, & crut devoir employer ses soins pour l'attirer avant sa mort dans les sentimens des Catholiques ; après les préambules ordinaires de consolation il se mit à discourir sur la puissance qu'avoit l'Eglise de pardonner les péchés. *Mon Pere*, lui répondit Hobbes, *j'ai examiné, il y a déja long-tems, toutes ces choses, il me fâcheroit d'en disputer présentement : vous pouvez m'entretenir d'une maniére plus agréable ; quand avez-vous vu Mr. Gassendi ?* Le bon Pere Mersène comprit qu'il devoit changer de discours, & content d'avoir satisfait aux obligations de son Caractère il ne fit plus d'exhortation, persuadé qu'un Génie tel que Hobbes n'avoit pas attendu l'heure de la mort pour se déterminer sur sa croyance.

Or.

On a vu peu de Philosophes comme Mr. Gassendi: il ne proposa jamais les choses douteuses que comme douteuses ; il s'attacha toujours plus à trouver la Vérité, qu'à faire recevoir ses opinions comme des décisions incontestables. Cette candeur & cette bonne foi parurent sur-tout dans ses derniers discours. Un de ses amis, qui voyoit qu'il étoit au lit de la mort & qu'il touchoit à l'agonie, lui ayant demandé à quoi il pensoit ; je pense, repondit-il, que je vais éclaircir de grands doutes.

La personne & le caractère de Spinosa furent aussi estimables que sa Morale fut méprisable & pernicieuse. Il faisoit paroître une grande douceur dans toutes ses actions, & une tranquilité d'esprit dans les accidens les plus fâcheux, qui ne l'abandonnérent jamais. Deux jours avant sa mort, son Hôtesse lui demanda s'il vouloit qu'elle fit venir un Ministre ? Gardez-vous en bien, ma bonne Amie, repondit Spinosa, je veux mourir

mourir tranquilement & ſans diſpute.

ST. EVREMOND, dont les Ecrits ſont depuis long-tems l'admiration de toute l'Europe, ne démentit point à ſa mort la réputation qu'il s'étoit ſi juſtement acquiſe pendant ſa vie ; il finit ſa longue carriere avec autant de tranquilité, que s'il eût regardé la mort comme un ſommeil paſſager, qui ne ſuſpend les plaiſirs que pour rendre les Sens plus capables de les goûter.

DESCARTES, le Reſtaurateur de la bonne Philoſophie, fut long-tems perſécuté. Il eut le ſort d'un homme qui chercheroit à guérir des Fanatiques de leur entouſiaſme & à éclairer leurs eſprits : l'ignorance Monacale ſe déchaîna contre lui : on l'accuſa d'Athéiſme : on entreprit de rendre ſes mœurs auſſi ſuſpectes que ſa croyance ; enfin ſon mérite ſurmonta tous les vains efforts de ſes Ennemis ; une grande Reine l'appella à Stockholm, où il mourut en donnant dans ſes derniers momens des preuves de la grandeur de ſon génie, & en conſervant toujours une parfaite tranquilité d'eſprit, quoique environné de Savans qui le haïſſoient, & livré entre les mains d'un Médecin qui ne l'aimoit pas.

Perſonne n'a mis dans un plus grand jour, & n'a prouvé plus clairement l'exiſtence de Dieu, que l'illuſtre LOCKE; la Divinité s'eſt ſervie de lui comme d'un foudre, pour anéantir les ſyſtêmes des Athées. Les mœurs de ce Philoſophe étoient douces, & il n'avoit pas moins de candeur que de ſcience; ſa mort répondit à ſa maniére de vivre. Lorſqu'il n'eut plus la force de ſe ſoutenir, il ſe fit porter dans ſon Cabinet, & là ſur un fauteuil & dans une eſpèce d'aſſoupiſſement, quoique maître de ſes penſées, comme il paroiſſoit par ce qu'il diſoit de tems en tems, après avoir exhorté ceux qui étoient auprès de lui de prier en ſa faveur la Divinité, aux Decrets de laquelle il ſe ſou-

ſoumettoit, il rendit l'eſprit avec la plus grande tranquilité du monde.

Quand je loue la façon dont ſont morts ces grands Hommes, je ſuis bien éloigne d'adopter les ſentimens de quelques-uns d'entr'eux: mon unique but eſt de prouver qu'avant d'aſſurer qu'un Philoſophe a véritablement été perſuadé de certaines opinions, il faut ſavoir quels ſont les effets qu'ont produit ſur ſon eſprit les approches de la mort: *A ce dernier rôle de nous*, dit Montagne, *il n'y a plus que feindre, il faut montrer ce qu'il y a de bon & de net dans le fond du pot* *. En effet, on voit alors ſi cette conſtance dont on ſe piquoit, cette indifférence qu'on affectoit pour tous les plaiſirs, cette intrépidité qu'on témoignoit, étoient des véritables Vertus ou des Vices plâtrés par la vanité & l'hypocriſie.

Si

* Eſſais de Montagne. Liv. I. Chap. 18.

Si, par exemple, LA FONTAINE étoit mort d'apopléxie quelque tems après avoir fait ses *Contes*, les Esprits-Forts n'auroient pas manqué de le mettre au nombre des Patriarches de leur Secte ; cependant il a montré dans ses derniers jours qu'il étoit fort éloigné de leurs sentimens. Il étoit même si fâché d'avoir composé quelques-unes de ces Pièces, qu'il vouloit qu'on le promenât dans un Tombereau par tout Paris pour demander pardon aux Moines, & faire excuse aux Cordeliers de les avoir si fort vilipendés ; il vécut comme Democrite en riant long-tems des foiblesses des hommes, & mourut enfin comme Heraclite en pleurant les siennes.

Si l'on compare les Contes de la Fontaine avec les Oeuvres de Pétrone, on y remarquera le même air de liberté, le même goût pour la Satire, & l'on avouera aisément que ceux qui les ont composés devoient avoir, à peu de chose près, le mê-

même caractère ; cependant quelle différence n'y a-t-il pas entre la façon de penser de ces deux Auteurs ? L'un étoit un Poëte qui tâchoit d'étouffer les remords qu'il sentoit dans son cœur, qui étoit perpétuellement tourmenté par la crainte de l'avenir, & qui sacrifioit à l'ambition d'être applaudi, la tranquilité de sa conscience : l'autre au contraire paroît en mourant plus ferme dans ses sentimens qu'il ne sembloit l'être, tandis qu'il étoit livré aux plaisirs les plus vifs : il porte sa tranquilité dans le Bain où il doit expirer ; & son ame ne cesse de montrer sa constance que lorsqu'elle n'a plus d'union avec le corps.

Combien n'y a-t-il pas de personnes qui pendant leur vie imitent *la Fontaine*, & qui suivent son exemple à l'heure de la mort. On voit alors le Libertin à decouvert : le masque dont il se couvroit est levé : la Philosophie chez lui n'étoit qu'un prétexte dont il se servoit pour se

 faire

faire plus de réputation, ou pour excuser ses foiblesses; il écrivoit d'une maniére & pensoit d'une autre.

Il seroit à souhaiter que tous les Philosophes eussent des opinions Orthodoxes; mais puisque cela n'est point, & ne peut pas même être, vû le grand nombre de Religions qui sont dans le Monde, j'estime toujours un Savant honnête homme dans quelques sentimens qu'il soit; Bayle, Hobbes, me sont aussi chers que Mallebranche & Descartes. Mais je ne veux point qu'après avoir dogmatisé toute leur vie, & avoir défendu avec chaleur certaines opinions, il les envisagent d'un œil tout different à l'article de la mort; je ne saurois m'empêcher de croire que ceux qui agissent de la sorte ont été pendant leur vie des fourbes, ou des libertins.

Les derniers momens caractérisent non-seulement le véritable Philosophe, mais même le vrai Héros, &

& marquent le rang où la Postérité doit le placer. Si Jules César avoit paru moins grand au milieu des ses Assassins, s'il avoit tâché de les fléchir par quelque indigne priére, si son triste sort lui avoit arraché quelques plaintes, la moitié de la Conquête des Gaules en auroit été flétrie, le Vainqueur de Pompée auroit paru moins grand que son Rival ; mais aussi tranquile, aussi intrépide dans le tems que ses meurtriers lui perçoient le sein, qu'il l'étoit aux Champs de Pharsale, il appelloit du nom de fils, *Brutus* le plus barbare de tous ; & par un effort digne d'une ame aussi grande que la sienne, il acquit en mourant plus de gloire que pendant tout le cours de sa vie. Il falloit un grand courage pour vaincre les Gaulois & Pompée, mais il en falloit encore un plus grand pour dompter les horreurs de la mort.

Les derniers instans de Louis XIV. ont été les plus beaux mo mens de toute sa vie. Aujourd'hui que ce Monarque n'est plus, il y a peu de gens qui ne conviennent que ce fut un grand Roi. La haine qu'on lui portoit est bien diminuée depuis qu'il a cessé d'être; & si on lui reproche encore certains défauts, on avoue aussi que, si le Héros chez lui s'éclipsa quelquefois, il parut à la mort dans tout son jour.

Bien des Princes ont eu un sort contraire à celui de Louis XIV. ils ont perdu en mourant une bonne partie de la réputation qu'ils s'étoient acquise. *Titus* ne put s'empêcher de se plaindre de l'injustice du Ciel qui lui ôtoit l'Empire & la vie dans un tems où il auroit dû se flater d'en jouir. La fin de *Charles-Quint* est beaucoup plus digne d'un Capucin, ou d'un Barnabite que du Vainqueur de François I. On ne peut le justifier qu'en soutenant que son esprit s'etoit affoibli dans les derniers momens de sa vie. C'est en vain

vain qu'on objecteroit que les Rois doivent tâcher comme les autres hommes, de mourir en Chrétiens; ils peuvent mourir en Princes & en Chrétiens tout ensemble. Louis XIV. dans ses derniéres années étoit aussi dévot que Charles-Quint; quelle difference n'y a-t-il pas dans la maniere dont ils ont fini leur longue course ?

Il est souvent heureux pour des Héros comblés de gloire, que la Parque coupe brusquement la trame de leurs jours, & qu'ils n'ayent pas le tems d'appercevoir l'instant qui les termine; *les plus promptes morts, dit Montagne, sont les meilleures*: Cela regarde beaucoup plus ceux à qui la mort peut porter quelque préjudice, que ceux qui n'ont rien à perdre. Qu'un homme ordinaire pleure & gemisse aux approches de la mort, il ne surprend pas, on n'a pas attendu autre chose de lui; mais qu'un Héros, qu'un Philosophe, qu'un Esprit-Fort tremblent à la vûe d'une chose qu'ils ont affecté de braver cent fois, je ne vois plus alors les mêmes personnes que j'avois cru voir.

LET-

LETTRE QUINZIEME,

Sur les Philoſophes.

LE nom de Philoſophe ſe donne aujourd'hui à quiconque affecte d'avoir quelque ſentiment particulier & extraordinaire. Un homme ſoutient une opinion chimérique, extravagante, & a des mœurs corrompues; il excuſe tout cela en diſant froidement, *je ſuis Philoſophe.* Ce titre ne ſe donnoit chez les Anciens qu'à des gens qui s'étoient acquis par leurs vertus ou par leur ſcience l'approbation de tous leurs Concitoyens: chez les Grecs le terme de Philoſophe, & celui de Sage étoient Synonymes; & peu s'en faut que chez les

les François Philosophe & Fou n'emportent la même idée.

On peut diviser en deux classes les gens qui prennent aujourd'hui le nom de Philosophes. Les premiers, qui sont en grand nombre, ressemblent aux Procureurs & aux Avocats : ils s'efforcent d'embrouiller & d'obscurcir la raison par de subtiles chicanes, ou par de pompeuses déclamations; telle est la façon d'agir des Scholastiques. Les autres attentifs à chercher la vérité, comme ont fait Descartes & Gassendi, n'osent aller que lentement dans la carriére qu'ils parcourent : ils disent simplement & sans emphase les raisons qui les ont déterminés à embrasser un sentiment, & imitent dans leur maniére d'écrire la Methode des Rapporteurs, qui se contentent d'exposer le droit des deux parties. Ces grands Hommes ont fait quelques Disciples qui tâchent de les imiter en posant pour premiers Principes, comme leurs Maîtres, qu'un Philosophe doit tremper sa plume

plume dans le *Bon-Sens*, & que quiconque heurte certaines *Notions*, eſt plus digne de pitié que d'admiration.

C'eſt l'envie de ſe diſtinguer par des paradoxes qui a produit ce ramas de viſions, qui fait le Corps de la Philoſophie Scholaſtique. Tout le monde ſait qu'il ſuffiſoit que St. Thomas eût ſoutenu un ſentiment avec quelque chaleur, pour que Scot ſe fît un plaiſir de le combattre. La même paſſion règne parmi ceux qu'on appelle *Thomiſtes* & *Scotiſtes*, ils ne font uſage de leur eſprit que pour chercher a perpétuer leur aveuglement. Si on leur parle d'une propoſition qui ne s'accorde pas avec les principes dont ils ſont préoccupés, bien loin d'examiner s'ils ne ſeroient point dans l'erreur, ou de chercher à comprendre ce qu'on leur dit, ils ne s'étudient qu'à imaginer des raiſons pour ſe tirer d'affaire. Enfin, ſi on les pouſſe un peu trop vertement, ils ont recours aux faux-fuyans,

yans, & éludent la difficulté par le moyen de quelque impertinente distinction.

Il est une autre sorte de prétendus Philosophes qui sont encore plus ridicules que les Scholastiques. Tant qu'ils croyent pouvoir soutenir leurs chimériques opinions, ils les défendent avec la derniére opiniâtreté; quand on les a confondus & qu'on s'attend qu'ils vont avouer de bonne-foi qu'ils sont dans l'erreur, on est surpris de les voir devenir tout à coup Pirrhoniens *. Ils se plaignent dou-

* Le Pirrhonisme a été une Secte fameuse. Pirrhon l'établit & lui donna son nom; mais dans la suite ses Sectateurs furent appellés ou *Aporetiques*, ou *Sceptiques*, ou *Effectiques*, ou *Zététiques*, tous ces noms signifiant également des personnes qui doutent toujours, & qui cherchent sans trouver ce qu'ils cherchent. Si Pirrhon s'étoit renfermé dans un doute général, il ne seroit pas surprenant qu'il eût trouvé des Sectateurs: nous ne pouvons juger des choses que par nos Sens, qui nous trompent souvent, & dont la connoissance ne pénétre jamais jusqu'à l'essence des choses; mais il affecta une si grande indifférence qu'il confondit l'honnêteté avec la malhonnêteté; sans avoir égard aux bienséances,

douloureusement de ce que tout est rempli de ténébres, & ne commencent d'avouer qu'ils ne savent rien, que lorsqu'ils se figurent que l'ignorance dont ils accusent les hommes les dispense de changer de sentiment.

Quand j'examine aujourd'hui le caractère d'esprit de la plûpart des gens qui se disent Philosophes, je ne m'etonne plus de ce qu'on chassa autrefois de Rome ceux qui se donnoient ce titre avec aussi peu de raison. La mémoire de Platon, d'Epicure, de Socrate, &c. ne fut point flétrie par l'exil de ces Philosophes qui se vantoient d'être leurs Disciples & leurs successeurs; c'étoient des Imposteurs qui dupoient le Public. Si l'on

ces, dont les Philosophes ne doivent point se dispenser, on le vit balayer sa maison, & laver l'auge des Cochons. En un mot, il en vint jusqu'à soutenir qu'il n'y avoit rien de juste ni d'injuste, & que les hommes ne faisoient rien que par coûtume & par l'obéissance due aux Loix, puisque *ceci* n'étoit pas plutôt *ceci* que *cela*. Sa vie ne démentit point ses sentimens, il fut toujours dans une perpétuelle incertitude.

l'on chassoit du Royaume de France tous les Charlatans, les Empiriques, les Vendeurs d'Orviétan; les Helvetius, les Chicoineau, les Silva, croiroient-ils qu'un tel Arrêt pût donner atteinte à leur réputation? De même si l'on bannissoit de Paris tous les Philosophes bâtards, afin de les empêcher de remplir de chiméres l'esprit des Jeunes-Gens, bien loin que la gloire de Descartes, de Gassendi, & de Mallebranche en souffrît, n'en auroit-elle pas plus d'éclat?

Comme on divise les Philosophes en deux classes par rapport à la Science, on doit également le faire par rapport à la Morale & à la maniére de vivre. Les véritables Sages ne font point consister leur sagesse à ne parler que par Sentences, à affecter un air grave & pensif, à être toujours renfermés dans leurs caractéres; ils se piquent au contraire d'être sociables, polis, obligeans, & veulent que leur affabilité égale la profondeur & la délicatesse de leur genie.

Ceux

Ceux qui se contentent d'avoir la mine & l'apparence de Philosophes, qui le sont de profession & non de pratique, courrent après les richesses qu'ils font semblant de mépriser, sont jaloux de la gloire des grands Hommes, entêtés de leurs opinions, & prévenus à l'excès en faveur de leur mérite. On peut les regarder, si on les compare aux véritables Sages, comme des Singes qui veulent contrefaire les hommes, ou comme des Anes qui se couvrent de la peau des Lions.

Lucien a fait une description des mauvais Philosophes de son tems qui convient parfaitement aux Docteurs hérissés de Grec & de Latin, fiers Supôts de la Doctrine Scholastique. *Ces Philosophes*, dit-il *, *n'enseignent que pour de l'argent, ils sont plus colères que des petits Chiens, plus*

* Lucien, Dialogue du Pêcheur, ou de la Vengeance, de la Traduction de d'Ablancourt, pag. 288.

plus mutins que des Coqs, plus timides que des Liévres, plus flateurs que des Singes, & plus lascifs que des Moineaux. Ce passage devroit être écrit en gros caractères sur la porte de toutes les Ecoles publiques de Philosophie : je ne voudrois pas même qu'on exceptât celles de la Sorbonne; plus d'un Professeur y verroit en entrant dans sa Classe son caractère dépeint au naturel, & plus d'un Ecolier apprendroit, heureusement pour lui, à ne point imiter son Maître.

Tous les grands Philosophes ont été persécutés ; on a accusé les uns d'Herésie, les autres de Folie, & presque tous d'Athéisme, quoiqu'ils eussent employé la sagacité de leur esprit à donner des preuves évidentes de la Divinité. On ne doit point s'étonner de cela, ils ne pouvoient établir leur Systême sans ruiner ceux des Ecoles ; en faut-il davantage pour mettre en fureur cette foule de Professeurs, de Moines, & de Théologiens ?

giens ? Lorſque Deſcartes parut ſur la Scéne, il joua le même rôle qu'un Abbé qui veut introduire la Réforme dans ſon Abbaye ; tout le Couvent voudroit voir le Réformateur au Diable, & il eſt bien plus difficile de détruire les chiméres de l'Eſprit humain que de ramener une quinzaine de Religieux aux règles dont ils ſe ſont éloignés.

LETTRE SEIZIEME,

Sur les Théologiens.

Les maux que cauſe la mauvaiſe Philoſophie, n'approchent pas de ceux qui découlent de la Théologie comme de leur ſource naturelle. De tout tems les diſputes ſur les matiéres de Religion ont occaſionné des troubles dangereux : il s'eſt paſsé peu de Siécles, où les différends des Théologiens n'ayent mis l'Europe en feu ; ils ont donné des peines infinies aux Princes & aux Magiſtrats.

On ne peut pas dire que ce ſoient Deſcartes, Gaſſendi, & Leibniz qui ont embrasé la France & l'Allemagne dans ces derniers tems : ils n'étoient ni Luthériens, ni Proteſtans, ni Janséniſtes, ni Moliniſtes : leur premier Principe étoit de contribuer, autant qu'on le peut, à la tranquilité publique ; ils étoient bien éloignés de croire que la Divinité veut être honorée par le meurtre & le carnage. Non-ſeulement les grands Philoſophes, mais même ceux qu'on mépriſe le plus, n'ont jamais donné dans les égaremens des Théologiens qui ont le plus de réputation.

C'eſt une choſe étonnante que Spinoſa, Cardan, & tant d'autres ayent fait cent fois moins de mal à l'Europe que Jansénius & Molina. Si l'on avoit dit à Locke, à Mallebranche & à Deſcartes, ne publiez point vos Ouvrages, ou vous ſerez la cauſe de pluſieurs Guerres civiles, les opinions que vous allez ſoutenir vont déſoler votre Patrie ; je ſuis sûr qu'ils auroient brûlé leurs Ecrits, & qu'ils n'auroient jamais ſongé à les rendre publics. Que ne fit-on pas pour réunir les Théologiens en France & en Allemagne, lorſque dans derniers tems ils levérent l'Etendard de la division ? Tous les soins qu'on employa furent inutiles. Ils prévoyoient les funestes suites qu'auroient leurs differends ; mais plutôt que de céder quelque chose, & de se rapprocher les uns des autres, ils demeurérent fermes dans leurs opinions, & eurent le plaisir de voir les Peuples, toujours la dupe de ceux qu'ils regardent comme les Dépositaires de la Religion, noyés dans des flots de sang, tandis qu'ils étoient tranquiles dans leurs Cabinets, où ils s'occupoient à composer des Livres pour exciter la discorde.

> Je ne décide point entre Genéve & Rome *.

Et sans entrer dans le fond des Matiéres qui partageoient les Théologiens, je vois la rage, la haine, la fureur, & la mauvaise foi également des

* Mr. de Voltaire, Poëme de la Ligue.

des deux côtés ; je remarque avec horreur qu'abusant de leur crédit ces mêmes Théologiens portoient les Magistrats à des excès qui auroient étonné les Canibales & les Sauvages.

Les Catholiques ouvroient la porte du Ciel à quiconque persécutoit ceux qu'on nommoit Novateurs ; on brûloit tous les jours plusieurs personnes qu'on croiroit aujourd'hui dignes de l'estime de l'Univers entier. Si Descartes eût vécu dans les premiers tems du Protestantisme, il auroit sans doute été mis au nombre de ces malheureuses victimes ; quiconque ne croyoit pas aux Moines, & encore plus à Aristote, étoit traité comme un Hérétique.

D'un autre côté les Réformateurs bien loin de mettre leurs Adversaires dans leur tort, sembloient vouloir justifier leur conduite & leur prêter des armes, soit par leur exemple ou par leurs Ecrits. Pendant qu'on brûloit de fort honnêtes gens à Paris, on en brûloit d'autres à Genève,

qu

qui n'avoient fait d'autre crime que de n'être pas de l'opinion de Calvin. Ce Théologien fit périr par le feu l'infortuné *Servet*, & traita ce Médecin comme les Catholiques l'eussent traité lui-même, s'ils l'eussent eu en leur pouvoir *. On voit éclater dans tous ces différens procédés la douceur Théologique.

Si les Docteurs d'aujourd'hui paroissent plus doux & plus modérés, c'est aux hommes qui commencent à ouvrir les yeux, & à connoître combien ils ont été imbéciles qu'il faut attribuer cette retenue, & si les Princes & les Magistrats étoient encore d'humeur à se prêter à leurs idées on reverroit

* Il composa ensuite un Livre pour justifier sa conduite dans lequel il soutint qu'on devoit exterminer les Hérétiques. Ce Livre est intitulé, *Fidelis Expositio Errorum Mich. Serveti & brevis eorumdem Refutatio, ubi docetur Jure gladii coercendos esse Hæreticos* Tous les premiers Théologiens Réformés ont presqu'autant prêché le Dogme de l'Intolérance que les Inquisiteurs Portugais. Beze a fait un Traité *De Hæreticis à Civili Magistratu puniendis.*

verroit bientôt l'Europe nager dans des flots de sang. Les Jansénistes & les Molinistes s'égorgeroient en France pour la plus grande gloire de Dieu: dans la Grande-Bretagne, les Anglicans persécuteroient de tout leur cœur les Presbiteriens; & ceux-ci rendroient le réciproque aux Catholiques en Hollande, & dans les Pays où ils sont les plus forts. On voit des preuves de cette vérité dans les Etats où le Gouvernement se prête à la passion des Théologiens. Quelles cruautés les Inquisiteurs ne commettent-ils pas tous les jours! Si la prudence, la vertu & la Candeur des Magistrats Hollandois étoient moins grandes, on verroit un jour, avec étonnement, des Inquisiteurs naître au milieu d'Amsterdam & l'Esclavage sortir du sein de la Liberté. L'esprit de persécution a été de tout tems le partage & la suite des disputes Théologiques. Les Docteurs des premiers tems de l'Eglise n'ont pu s'en défendre. *Je passe sous silence*, dit un Evêque du V. Siécle, persécuté pour le Nestoriasnisme, *les chaînes, les confiscations de biens, les notes d'infamie, ces massacres dignes de compassion, & dont l'énormité est telle, que ceux-mêmes qui ont le malheur d'en être témoins, ont peine à les croire véritables. Toutes ces Tragédies sont jouées par des Evêques.... parmi eux l'effronterie passe pour une marque de courage ; ils appellent zèle leur cruauté, & leur fourberie est honorée du nom de sagesse* *.

Quand est-ce que les hommes désabuses d'un préjugé si nuisible comprendront combien il est extravagant de troubler la Société Civile pour soutenir des distinctions d'Ecole, & ne s'égorgeront plus avec le fer, tandis que ceux dont ils auront embrassé le parti, ne combattront qu'avec des Syllogismes ?

Lors-

* *Etherius Tyrannorum Episcopus, inter Opera Theodoreti*, Tom. V. p. 688 & 689.

Lorsqu'on sera parvenu au point de regarder les Disputes des Théologiens comme on fait aujourd'hui les démêlés des Thomistes, des Scotistes, & des Peripatéticiens ; qu'on laissera pourrir en paix dans les Boutiques des Libraires, les gros Volumes qu'ils feront, l'Age d'or reviendra *, la tranquilité succedera au trouble, la sagesse à la folie, & la véritable Science au Pedantisme. C'est le seul moyen qu'il y ait pour ramener la paix ; car quelques defenses que les Magistrats fassent aux Théologiens d'ecrire, ils continueront comme ils ont fait jusqu'à present, ils s'accuseront mutuellement d'ignorance, d'hérésie, de mauvaise foi ; prendront chacun l'Ecriture pour Garand de leurs sentimens ; donneront la torture à tous les passages qui ne leur seront pas favorables ; tâcheront par

* *Jam redit & Virgo redeunt Saturnia regna;*
Jam nova Progenies Cælo demittitur alto.
Virgil. Bucol. Eclog. IV.

par des calomnies ou par des invectives d'exciter la haine du Public contre leurs Adverſaires, & damneront de leur autorité quiconque ne penſera pas comme eux.

L'Eſprit Théologique ſe porte ſi naturellement à l'excès que les Saints en écrivant ſur des matiéres de controverſe ont eu de la peine à ſe contenir dans de juſtes bornes. Tous les gens de bonne foi conviennent que St. Auguſtin a ſouvent pouſsé ſes ſentimens trop loin; il ſemble approuver dans un endroit ce qu'il blâme dans l'autre. Avant qu'il eût ſes Diſputes avec les Donatiſtes, & tant que ſon parti fut le plus foible, il parla avec beaucoup de douceur & de charité touchant la conduite qu'on doit tenir envers les Hérétiques; mais lorſqu'il eut pris le deſſus, il changea tout-à-coup du blanc au noir, & ſoutint qu'il falloit les perſécuter & les contraindre à la Foi Orthodoxe, ou les exterminer. Pernicieuſe opinion que les Théologiens de de toutes les différentes Communions n'ont mis que trop ſouvent en pratique, & dont on a vu les fâcheuſes ſuites dans les deux derniers Siécles.

Si les Théologiens étoient auſſi zèlés pour la Religion qu'ils profeſſent, qu'ils le ſont pour leurs ſentimens, aucun d'eux n'oſeroit ſoutenir le Dogme de l'intolérance, car rien n'y eſt ſi contraire, Quand les Catholiques exterminent les Proteſtans dans les Pays où ils ſont les Maitres, les Proteſtans leur rendent le réciproque, dans ceux où ils ſont les plus puiſſans; ainſi en faiſant triompher leur croyance dans un Pays, ils l'anéantiſſent dans un autre, & ſont la cauſe de tous les maux que l'on fait ſouffrir à ceux de leur Communion. Cela n'eſt que trop véritable. Les Anglois ont pris le prétexte de l'exil des Proteſtans François, pour pallier les avanies qu'ils font chez eux, dans l'Ecoſſe & dans l'Irlande aux Catholiques. Quiconque connoîtra les Affaires de l'Europe, avouera que les Jéſuites ont plus fait de mal que de bien à la Religion Romaine. Ils comptoient de rendre la France Moliniſte en détruiſant les Réformés ; ils ont été trompés dans leur calcul, elle eſt devenue Janséniſte, & la Catholicité dans les Pays Proteſtans en a ſouffert infiniment.

Si l'on demande à un Jéſuite ou à un Dominicain, qui ſe trouve en Hollande, ou en Angleterre, ce qu'il penſe du Dogme de l'Intolérance ? *Il eſt*, Mr., répondra-t-il avec un air doux & benin, *contraire non-ſeulement au Chriſtianiſme ; mais même à la Loi de Nature. Les premiers Chrétiens ne ſongérent jamais à ſe révolter contre les Empereurs Payens quoiqu'ils fuſſent très-puiſſans, & qu'ils euſſent pu bouleverſer l'Empire, comme nous l'apprend un ancien Docteur* *. Qu'on aille propoſer

* *Si enim hoſtes exertos, non tantum occultos, agere vellemus, deeſſet nobis vis numerorum & copiarum ? Plures nimirum Mauri & Marcomani*

poser à ce Révérend Pere la même question en Espagne, en Italie, ou en Portugal, il en sera donner la solution par l'Inquisiteur, ou sera brûlé à Lisbonne pour y avoir dit ce qu'un Jesuite prêchoit à Londres.

ni, ipsique Parthi, vel quantacumque, unius tamen loci & suorum finium, Gentes, quam totius Orbis. Hesterni sumus & vestra omnia implevimus, Urbes, Insulas, Castella, Municipia, Conciliabula, Castra ipsa, Tribus Decurias, Palatium, Senatum, Forum; sola vobis relinquimus Templa. Cui bello non idonei, non prompti fuissemus, etiam impares copiis qui tam libenter trucidamur, si non apud istam Disciplinam magis occidi liceret quam occidere? TERTULL. Apologet. Cap. 37. Edit. Herald.

LETTRE DIX-SEPTIEME,

Sur les funestes effets de l'Eloquence.

SI l'on apprend à diſputer ſur des matiéres intelligibles dans les Ecoles de Théologie, on apprend à mentir & à perſuader indépendemment des raiſons dans celles de Rhétorique. Un Orateur eſt pour l'ordinaire un habile Impoſteur, qui ſait donner au menſonge l'air de la vérité; plus il eſt ſavant dans ſon art, & plus il doit exceller à tromper; le Public ne l'eſtime qu'autant qu'il ſait l'abuſer.

Un Avocat éblouit-il ſes Juges, gagne-t-il une Cauſe déſeſpérée? il acquiert une réputation au-deſſus de celle

celle de ſes Confréres. Un Panégyriſte ſait-il pallier adroitement les défauts de la perſonne qu'il loue ? on lui prodigue les titres d'habile homme, de génie ſupérieur ; pour les obtenir il a longtems travaillé à ſe former une Méthode qui a moins pour but de montrer le vrai que de cacher le faux. Ainſi par un caprice étonnant & qui tient de la folie, les hommes ont accordé leur eſtime à ceux qui cherchent à ſurprendre leur bonne foi, & ont donné le nom d'Eloquence à l'Art de ſavoir bien mentir.

Pluſieurs grands hommes Anciens & Modernes, ont condamné hautement l'étude de la Rhétorique. Lycurgue, ce ſage Légiſlateur des Lacédemoniens, défendit qu'on s'y appliquât dans Sparte : il croyoit que la vérité n'avoit pas beſoin de ſecours pour faire impreſſion ſur l'eſprit des hommes, & qu'on l'affoibliſſoit dès qu'on ne l'offroit point

 toute

toute nue. Montagne Liv. I. Chap. 51. p. 607. a été de cette opinion. *Ceux*, dit-il, *qui masquent & fardent les femmes, font moins de mal, car c'est chose de peu de perte de ne les voir pas en leur naturel; là où ceux-ci font état de tromper non pas nos yeux, mais notre jugement, & d'abatardir & corrompre l'essence des choses.*

Les Orateurs ont causé bien souvent de grands troubles, dans les Etats & les Républiques, où ils ont eu beaucoup de crédit; il étoit impossible que cela n'arrivât pas de même. Que doit-on attendre de bon dans un Gouvernement qui se conduit par les avis des gens qui font profession d'embrasser tous les partis, & de défendre également la bonne & la mauvaise cause? Un homme de sens dans Athènes proposoit-il une Loi utile & nécessaire, un Orateur montoit aussi-tôt à la Tribune, & rendoit inutile par son éloquence le bien qu'on auroit pu retirer de l'avis du ſage Citoyen.

Ce ne ſont ni des Rhétoriciens, ni des gens qui faiſoient gloire de séduire l'eſprit par leurs diſcours enchanteurs, qui ont fait les bonnes Loix : ce ſont des perſonnages remplis de candeur & de ſageſſe qui ont tâché de rendre les hommes vertueux, & qui avoient trop de bonne foi pour vouloir les tromper.

Les Anglois ont reſſenti très-ſouvent les funeſtes effets de l'Eloquence ; plus d'une fois leurs Orateurs ont fait autant de mal à la Nation, & d'impreſſion ſur l'eſprit de ceux qui compoſent le Parlement, que les brigues de la Cour & l'or du Souverain. Quelque attentif que l'on ſoit à ne pas ſe laiſſer ſurprendre, il eſt preſqu'impoſſible qu'une perſonne qui ſait émouvoir les cœurs, ne profite avantageuſement des troubles qu'il y fait naître ; c'eſt le vrai talent de l'Orateur.

LET-

LETTRE DIX-HUITIEME,

Sur les bons effets de l'Eloquence.

PUisque vous m'avez permis de vous communiquer mes idées, ſans exiger que je vous en garantiſſe la ſolidité, vous ne devez point être ſurpris de me voir aujourd'hui dans un ſentiment tout différent de celui où j'étois hier, lorſque je vous écrivis ſur les funeſtes effets de l'Eloquence; je crois qu'elle n'a de nuiſible que le mauvais uſage qu'on en fait, & qu'elle eſt très-utile lorſqu'on ſait l'employer à propos. Il en eſt de l'Etude de la Rhétorique comme des Loix les plus ſages & les plus ſenſées. *On n'en voit aucune qui ſoit commode à tous les Particuliers, on demande*

mande ſeulement qu'elle ſoit utile en gros & à la plûpart des gens *. Parce qu'un Orateur abuſera de ſes talens, qu'un Philoſophe fera ſervir la Logique à défendre des ſentimens erronés, qu'un Poëte fera des Satires contre une perſonne de probité, faudra-t-il pour cela condamner les Sciences, les abolir entiérement, rendre les hommes égaux aux Brutes, & ne leur laiſſer un reſte de connoiſſance, que pour leur faire mieux ſentir la miſère de leur état? Si l'Eloquence a ſervi & ſert encore quelquefois à donner au vice l'air & la reſſemblance de la vertu, combien de fois auſſi n'a-t-elle pas été utile pour ramener à la raiſon des eſprits prévenus, & dont l'erreur ne pouvoit être guérie que par les charmes d'une éloquence perſuaſive?

Les deux plus grands Orateurs qu'ait

* *Nulla Lex ſatis commoda omnibus eſt: id modo quæritur ſi majori parti & in ſummam prodeſt.* Tit. Liv. Lib. 34. Cap. 3. num. 5.

qu'ait eu l'Univers, ont rendu des services très-considérables à leurs Patries. Démosthene défendit lui seul pendant long-tems contre Philippe non-seulement la Liberté d'Athènes, mais celle de toute la Gréce. L'Eloquence de Cicéron sauva Rome des fureurs de Catilina, & la premiére Harangue de cet Orateur contre ce Rebelle fut plus utile à la République que le gain de deux batailles.

Le Chancelier de L'Hôpital rendit plusieurs services très-essentiels à la France par ses Discours remplis de force & d'énergie. Les Talons, les Lamoignons ont été les plus fermes soutiens de la Justice, quoiqu'ils fussent les plus éloquens de leur Siécle.

Les hommes sont si capricieux qu'ils ont besoin quelquefois qu'on use de stratagêmes pour leur faire recevoir les conseils qu'on leur donne; il faut les traiter comme des enfans malades à qui l'on fait prendre les remédes enveloppés dans quelque choſe qui les empêche d'en ſentir l'amertume. Un habile Orateur ſait accommoder ſes avis à la portée de ceux à qui il parle, & ſon éloquence ſert à les rendre plus utiles.

LET-

LETTRE DIX-NEUVIEME,

Sur la Rhétorique.

LEs réflexions que j'ai faites sur l'Eloquence, en ont occasionné quelques autres sur la façon de l'acquérir. La plûpart des Professeurs de Rhétorique nuisent plus aux Jeunes-gens qu'ils ne leur sont utiles. Ils se contentent de leur enseigner quelques Principes généraux qui ne leur servent à rien, & ceux qui en sont une fois imbus, sont moins avancés que ceux qui n'en ont point du tout, parce que croyant savoir beaucoup, cette prévention est la source de leur ignorance éternelle.

C'est de la présomption & des mauvais Maîtres que vient cette foule le de Prédicateurs & d'Avocats ignorans. La Chaire & le Barreau fourmillent de mauvais Orateurs; il n'eſt aucun d'eux qui ne s'imagine égaler Bourdaloue ou Patru.

Un Franciſcain qui a de bons poumons & une forte poitrine, fait retentir pendant tout un Carême les voutes d'une Egliſe, débite gravement & avec aſſurance un grand nombre de puérilités, prononce quelques phraſes empoulées, cite Ariſtote & St. Thomas, parle de Nabuchodonoſor, de l'impie Oſorias, en voilà aſſez pour que les trois quarts de ſes Auditeurs le regardent comme un homme de la première claſſe; les gens de goût qui aſſiſtent à ſes Sermons en ſont quittes pour dormir, ou pour n'y plus retourner.

Les mauvais Prédicateurs ont une coutume aſſez plaiſante, & qui revolteroit ſans doute les anciens Peres de l'Egliſe, s'ils revenoient au monde. Ils ſe ſervent des Ecrits de ces grands Hommes pour autoriſer toutes les sotises qu'ils disent, ils savent par cœur dix ou douze passages dont ils tordent le sens, ils s'en servent comme de Selles à tous chevaux, & les appliquent dans toutes les occasions. Il est arrivé quelquefois qu'un Capucin a fait dire à St. Augustin que St. François étoit un grand Homme, & que ses Disciples étoient d'habiles gens.

Beaucoup d'Avocats ressemblent à ces Prédicateurs, leurs Plaidoyers ne sont qu'un amas de citations, prises souvent au hasard, & cousues les unes aux autres. Ils s'étendent beaucoup sur ce qui ne regarde point le fond de leur cause, & ne disent pas un mot du fait; ôtez l'Exorde & la Peroraison de leurs discours qui roulent sur les grandes qualités des Juges, il n'y reste plus rien. Aussi arrive-t-il que malgré les louanges qu'ils ont prodiguees, leurs parties sont condamnées; ils perdent leurs éloges, & elles leurs procès.

La lecture de quelques Livres de Rhé-

Rhétorique & la connoiſſance des règles generales de cet Art, ne ſont que de foibles ſecours pour devenir éloquent. Si l'on n'y ajoute pas l'etude aſſidue des Ecrits des grands Hommes, ſavoir les Principes de l'art de parler, c'eſt connoître la marche au jeu des Echets; mais comme les grands coups ne s'apprennent que par un long uſage, on ne devient éloquent que par une longue meditation ſur les Ouvrages des ſavans Orateurs. *Longin* & *Quintilien* nomment les choſes, *Ciceron* & *Demoſthène* les découvrent; les premiers ſont des Ecoliers, les derniers ſont des Maîtres.

LETTRE VINGTIEME,

Sur les Législateurs & les Ordres Monastiques.

PResque tous les Législateurs ont été, ou des fourbes, ou des génies bornés. Les uns se sont servis de leurs connoissances pour tromper les hommes, les autres leur ont prescrit des Loix ridicules ou puériles.

Si l'on excepte Moyse dont Dieu se servit pour annoncer sa Volonté, il n'y a point de Législateur qu'on ne méprise, lorsqu'on vient à examiner les Règles qu'il a faites & la façon dont il s'y est pris pour les établir. La plûpart de ces Réformateurs ont affecté d'avoir un commerce immédiat avec la Divinité. Numa Pompilius faisoit accroire aux Romains que *la Déesse Egérie enflamée de son amour, l'avoit pris pour Mari, & le combloit de toute sorte de félicité en éclairant son esprit & en le remplissant de choses divines* *. Solon entretenoit un commerce secret avec la Prêtresse de Delphes, à qui il dictoit les Oracles dont il avoit besoin. Lycurgue usoit du même stratagême, & Apollon prenoit grand soin d'annoncer tout ce qu'il falloit faire pour cimenter les nouvelles Loix de Sparte †. Mahomet recevoit

* Plutarque, Vies des Hommes Illustres, dans la vie de Numa Pomp. Trad. de Mr. Dacier, Tom. I. pag. 304.

† Voici, les Oracles qu'Apollon rendit en faveur de Lycurgue. On voit aisément qu'il falloit que la Prêtresse en eût reçu l'Original avant que d'en donner la Copie. „ Quand „ tu auras bâti un Temple à Jupiter Syllanien & à Minerve Syllanienne, & que tu „ auras rangé le Peuple par Lignées & par „ Tribus, & établi un Sénat de trente Sénateurs, y compris les deux Chefs, tu tiendras de tems en tems le Conseil entre le „ Ba-

cevoit son Alcoran comme une *Feuille* périodique, & l'Ange Gabriel lui en apportoit réguliérement deux Chapitres par semaine.

Il falloit que tous ces Législateurs crussent avoir bien peu de credit sur l'esprit des Peuples qu'ils instruisoient, ou qu'ils fussent de grands fourbes & de grands imposteurs pour avoir recours a de pareilles tromperies! Ce qu'il y a de certain, c'est qu'ils devoient infiniment mépriser ceux à qui ils donnoient des Règles, puisqu'ils avoient des preuves si convaincantes de leur imbécilité. Aussi peut-on assurer hardiment qu'ils ont avili les hommes, & qu'en voulant les rendre bons ils les ont rendus ridicules.

La plus grande partie des Loix de Lycurgue, dont on a fait si grand cas,

„ Babyce & le Cnacion; tu conserveras le pouvoir de prolonger ou de congédier à ton gré l'Assemblée, & tu laisseras au Peuple le droit de ratifier, ou d'annuler ce qu'on y aura proposé ". Ibid. p. 216.

cas, approchent assez des *Statuts* de certains Ordres Monastiques. On trouve aisément une grande ressemblance entre les Spartiates & les Capucins. Par exemple, Lycurgue vouloit *que les planchers des Maisons fussent faits avec la* Cognée, *& les portes avec la* Scie, *sans le secours d'aucun autre Instrument, parce que de tels logemens n'exposent pas au luxe & à la dépense* *. Voilà les Cellules des Révérends Peres Capucins. Leurs Refectoires se trouvoient aussi dans Sparte. *Il y avoit des Sales publiques* †, *où tous les Habitans étoient obligés d'aller manger, ils ne pouvoient s'en dispenser sous quelque prétexte que ce fût.* Il est vrai que Lycurgue n'avoit pas poussé les choses aussi loin que St. François ; il avoit permis de parler à table, & avoit consacré une Image du *Ris* dans tous les Réfectoires.

Les Règlemens de ce Législateur sur

* Plutarque, Vie de Lycurgue, p. 222.
† Ibid. p. 224.

ſur les Mariages n'étoient pas moins extravagans : ils ouvroient la porte à tous les déſordres ; l'Adultère devenoit une action pieuſe. Ces mêmes Spartiates Capucins dans leurs Réfectoires étoient changés en Brutes dans leurs Cellules, ou dans leurs modiques Maiſons. Ils y pratiquoient ſans ſcrupule la communauté des femmes ſous le vain prétexte de l'utilité publique, ils n'avoient aucun égard à l'honnêteté, ni à la bienséance, & leur Légiſlateur n'avoit pas ſeulement connu un des premiers Principes de la Loi de Nature, qui nous fait ſentir que tout ce qui eſt honteux ne peut jamais être véritablement utile.

Pour concevoir un mépris infini des Règlemens que Lycurgue fit ſur le Mariage, on n'a qu'à les lire. Voici ce qu'en dit Plutarque dans la Vie de ce Légiſl. T. I. p. 241, & ſuiv. *Il travailla à bannir du Mariage toute vaine jalouſie, qui n'eſt qu'une maladie de femme, en faiſant paſſer pour honnête & raiſonnable, non-ſeulement*

*lement de chasser de son ménage les désordres & les violences ; mais encore de permettre à ceux qui en étoient dignes d'avoir des enfans en commun, & se moquant de ceux qui poursuivent & vengent par des meurtres & par des guerres sanglantes le commerce qu'on a avec leurs femmes. Un Vieillard donc, qui avoit une Jeune femme, & qui connoissoit quelque Jeune homme bien fait & bien né, pouvoit, sans blesser les Loix ni la bienséance, le mener coucher avec elle, & l'enfant qui naissoit d'une race si noble & si généreuse, il pouvoit le recevoir & l'avouer comme s'il étoit à lui. D'un autre côté un homme bien fait & bien né qui voyoit à un autre une femme fort belle, fort sage, & d'une taille à porter de beaux enfans, pouvoit de même demander au mari la permission de coucher avec elle, pour en avoir des enfans bien faits & bien formés *.*

* Ce passage est de la Traduction de Mr. Dacier.

En transſcrivant ce paſſage je n'ai pu m'empêcher de rire. Eſt-il rien de ſi comique que de voir un homme qui s'érige en Légiſlateur, qui veut règler les mœurs de ſes Citoyens, leur preſcrire des coûtumes qui les rendent égaux aux Bêtes? Lycurgue avoit fait un *Haras* de la Ville de Sparte, où les beaux Etalons étoient deſtinés pour les belles Jumens. On eût cru que l'eſſentiel chez les hommes étoit d'avoir la jambe ſaine, l'encolure forte & le poitrail large; comme ſi dans un corps de quatre pieds & demi il ne ſe rencontroit pas ſouvent une ame plus grande & plus généreuſe, que dans celui qui eſt d'une grandeur démeſurée.

Il n'eſt pas beſoin d'être Eſpagnol ou Italien, pour déſapprouver les Loix qui permettent l'Adultére; elles entraînent après elles trop d'inconvéniens. Comment une femme pourra-t'elle avoir pour ſon mari une véritable tendreſſe, ſi néceſſaire à la tranquilité du ménage, ſi elle prend

de

de l'amour pour un autre, & si elle peut se livrer sans scrupule à lui? Lorsque le cœur & l'esprit sont remplis d'un objet, peuvent-ils aisément en recevoir quelqu'autre? Est-il croyable qu'une de ces femmes Spartiates sortant des bras d'un de ces beaux Jeunes-hommes, qui avoit travaillé fortement à lui faire faire des enfans, pleine du souvenir des plaisirs passés, vécut ensuite tranquile & paisible dans la compagnie d'un mari, souvent beaucoup plus âgé & beaucoup moins aimable.

Si nous n'avions pas encore tous les jours des exemples de la folie des hommes, nous ne pourrions jamais croire qu'il y en ait eu d'assez insensés pour regarder comme des personnes divines des gens qui leur prescrivoient d'aussi grandes impertinences; mais la plus grande partie des Ordres Monastiques est une preuve évidente que beaucoup de François sont aussi fous aujourd'hui que les Lacédémoniens l'etoient autrefois; & si l'on excepte la Société des Jésuites, la Congrégation des Prêtres de l'Oratoire, & quelques Maisons de celle des Bénédictins de St. Maur, il n'est rien de si extravagant, de si inutile à la Société, que ce ramas de Fainéans qui forment une espèce de République sous le nom de Moines. Leurs Coutumes & leurs Règles sont aussi éloignées du Bon-Sens, que leurs mœurs le sont de la chasteté qu'ils affectent de faire paroître.

Les erreurs des anciens Législateurs & celles de la plûpart des Fondateurs d'Ordres sont venus de la même source. Ils se sont également laissés entraîner par un Esprit Systématique ; ils ont moins cherché à connoître le véritable caractère des hommes qu'à donner cours à leurs imaginations, & ont fait des Règles de toutes les idées chimériques dans lesquelles ils se sont complus. L'un ordonnoit la pluralité des femmes, l'autre la condamnoit. Celui-ci vouloit qu'on commerçât, celui-là le défenfendoit. *Solon* avoit rendu tous les Atheniens Marchands, Poëtes & Muſiciens; *Lycurgue* n'avoit fait dans Sparte que des Lutteurs, des Soldats & des Voleurs *. *Romulus* inſpira de la valeur aux Romains en leur perſuadant que la raiſon du plus fort eſt toujours la meilleure; *Numa Pompilius* qui vint après, les rendit tous dévots. Ce Roi joua chez les Payens le même rôle que St. François & St. Bernard chez les Chrétiens. Il établit un bon nombre de Couvens d'Hommes & de Filles †; ſon Succeſſeur

* On élevoit dans Lacédémone les Jeunes-Gens à voler. C'étoit encore une des Loix de Lycurgue. Voici de quelle maniére en parle Plutarque, Vies des Hommes Illuſtres, Tom. I. p. 249. Ils portoient des herbes qu'ils alloient dérober dans les Jardins, & dans les Sales à manger, où ils ſe gliſſoient le plus finement & le plus ſubtilement qu'ils pouvoient; & s'ils étoient découverts, ils avoient le fouet pour avoir manqué ou de vigilance ou d'adreſſe. Ils déroboient auſſi toutes les viandes ſur leſquelles ils pouvoient mettre la main, très habiles à profiter de l'occaſion, quand on dormoit, ou qu'on les gardoit avec négligence.

† Numa Pompilius établit les Veſtales, & don-

cesseur eut moins de goût pour toutes ces pieuses Fondations & ramena les Romains à leurs premiers principes.

De toutes les Règles de ces différens Législateurs on en auroit pu tirer un certain nombre qui auroient rendu un Etat heureux ; mais en prenant le bon, il auroit fallu rejetter le mauvais, & passer, pour ainsi dire, à l'alambic toutes ces Loix pour n'en conserver que l'élixir.

En usant de la même précaution on pourroit rendre utiles à la Société quelques Ordres de Moines. Il faudroit d'abord abolir entiérement tout ce qu'on appelle Bernardins, Cordeliers, Franciscains Pique-puces, Recollets, Mathurins, Trinitaires, &c. Après avoir fait cette action digne d'une louange éternelle, on conserveroit les Jésuites & les Prêtres de l'Oratoire, comme gens uti-

donna une nouvelle forme au Corps des Pontifes & des Augures. Voyez *Florus* & *Tite-Live*.

utiles & néceſſaires pour l'éducation de la Jeuneſſe. On leur défendroit, ſous peine d'être caſsés, d'écrire les uns contre les autres : on leur preſcriroit de laiſſer les cendres de Janſénius & de Molina en repos : on déclareroit du conſentement des deux partis les Miracles de l'Abbé Paris nuls & abuſifs ; on bâtiroit avec les revenus des biens des Bernardins un grand Hôpital deſtiné à la guériſon des Convulſionnaires, auxquels on donneroit un bon nombre de priſes d'Ellebore. Et comme il n'y auroit pas lieu d'eſpérer que les Jéſuites & les Prêtres de l'Oratoire puſſent reſter long-tems ſans ſe battre à coups de Plume, on leur abandonneroit les Proteſtans, les Luthériens, les Anabaptiſtes & toutes autres Sectes, contre leſquelles on leur ordonneroit d'écrire *à Solis ortu uſque ad occaſum*, pour pouvoir purger leur bile, & évacuer leurs humeurs noires, qui pourroient les provoquer à diſputer entr'eux.

Les Bénédictins de la Congrégation de Saint Maur seroient aussi conservés. On les exhorteroit à donner des Ouvrages aussi utiles que ceux qu'ils ont publiés dans ces derniers tems. Il leur seroit permis de haïr les Jésuites autant qu'ils les haïssent à présent ; mais sans le témoigner, & sur-tout sans l'écrire, sous peine d'être cassés s'ils venoient à faire le contraire, la tranquilité du Public le demandant ainsi.

Comme il est nécessaire que des honnêtes gens las du monde trouvent une Retraite dans laquelle ils puissent vivre tranquillement, on laisseroit subsister les Chartreux, auxquels il seroit enjoint de dormir pendant la nuit & de prier Dieu pendant le jour. N'en déplaise à St. Bruno & à ses Ordonnances, ses Disciples au lieu de Haire porteroient des chemises de toile. On leur recommanderoit de vivre comme des Saints ; mais de ne rien faire qui pût révolter l'Humanité.

Bien

Bien des gens trouveront peut-être que ces projets sont aussi chimériques que les Loix de Lycurgue me paroissent ridicules: ils diront que ce n'est point par quelques plaisanteries qu'on persuade des choses d'une aussi grande importance; je leur demanderai à mon tour si on ne peut pas dire la vérité en riant*, & si des plaisanteries de cette nature ne valent pas bien des Syllogismes.

* ——— *Quamquam ridentem dicere verum Quid vetat?*
HORAT. Sat. Lib. I. S. I. V. 24. & 25.

LETTRE VINGT-UNIEME,

Sur les Hiſtoriens.

L'Hiſtoire eſt le Miroir de la Vie humaine ; mais ce Miroir a été terni & ſouillé bien des fois. Pluſieurs Hiſtoriens font conſiſter toute leur gloire à rendre juſtice à leurs Ennemis, & à ne donner à leurs Amis que les louanges qu'ils méritent ; ce qui fait qu'on regarde leurs Ouvrages plutôt comme des Déclamations & des Panégyriques, ou des Satires, que comme un Recit fidèle de certains faits.

Un défaut ordinaire aux Hiſtoriens Modernes, c'eſt d'être prolixes : ils s'amuſent à raconter mille minuties qui flatent l'eſprit, l'occupent, le détour-

détournent, & lui font perdre le ſouvenir des principaux événemens. Les Anciens au contraire ont été trop concis, ils avoient pour maxime de ne raconter les choſes qu'en gros. Tite-Live, Tacite, Suétone, Paterculus, Florus & Cornelius Nepos, ne feroient pas tous enſemble un Volume auſſi gros que l'Abregé de l'Hiſtoire de France par Mezeray. Il eſt vrai qu'une partie des Ecrits de ces Auteurs n'eſt pas venue juſqu'à Nous; mais il nous eſt aiſé de juger que, quand nous les aurions tous complets, ils ne formeroient pas un corps d'Ouvrage la moitié ſi conſidérable que la ſeule Hiſtoire de Mr. de Thou.

Si les Anciens ont été brefs & courts dans leurs narrations, ce n'a pas été la faute des ſujets ſur leſquels ils écrivoient : s'ils euſſent voulu entrer dans le détail, ils n'auroient pas manqué de matière; mais ils ont cru apparemment que la dignité de l'Hiſtoire ne permettoit pas ces ſortes

tes de disgressions, & pour donner trop au sujet principal, ils n'ont point assez donné à ceux qui en découloient naturellement, & dont le Lecteur souhaiteroit souvent d'être instruit.

Il y a très-peu de Chronologie dans la plûpart des Historiens Grecs ou Romains. Ils sont même tombés quelquefois dans des contrariétés si étonnantes, que les Commentateurs désespérant de pouvoir les accorder, ont affecté de ne s'en pas appercevoir; il faut qu'un Lecteur se résolve alors d'user de sa raison pour démêler la vérité parmi les plus grandes vraisemblances. On ne doit point s'étonner de trouver ces défauts dans des Ecrivains aussi éloignés, puisque nous appercevons dans ceux qui écrivent de nos jours autant de contrariétés & aussi peu d'exactitude.

De tout tems les grands Historiens ont été rares : il faut tant de qualités pour les former, que c'est un extraordinaire de les voir réunies dans un un ſeul Sujet. La Nature après avoir produit un Tite-Live, un Tacite & un Sallufte, a été près de dix-ſept Siécles à former un de Thou & un Rapin Thoyras. Ce n'eſt pas cependant que les uns & les autres n'ayent encore leurs defauts; mais on peut dire d'eux, ce qu'un Poëte a dit des hommes en géneral, le meilleur eſt celui qui fait le moins des fautes.

Nam vitiis nemo ſine naſcitur: optimus ille eſt,
Qui minimis urgetur. ———
Horat. Sat. Lib. I. Sat. 3. V. 68, 69.

Quelle force d'eſprit, quelle fermeté ne faut-il pas avoir pour tranſmettre à la Poſtérité le ſouvenir des Actions humaines telles qu'elles ont été! Que d'embarras, que de peines & de difficultés! Par combien de barriéres n'eſt-on point arrêté! Il eſt preſqu'impoſſible de ne rien donner à la crainte ou à l'eſpérance, à l'amitié ou à la haine.

Le

Le Monde entier eſt la Patrie d'un Hiſtorien, tous les Peuples doivent lui être égaux; s'il a le moindre reſſentiment contre une Nation, il doit s'abſtenir d'en écrire l'Hiſtoire, à moins qu'il ne ſe ſente aſſez de force pour réſiſter au penchant qui le porteroit à déguiſer la vérité; le reſpect & la reconnoiſſance même qu'il a pour quelques particuliers, dont il eſt obligé de parler, ne l'empêchent point de relever les fautes qu'ils ont faites. *L'Hiſtorien*, dit un Auteur Grec, *ainſi que le Comédien, n'eſt pas coupable des malheurs qu'il repréſente. Si pour les déguiſer ou les paſſer ſous ſilence on pouvoit reparer les déſordres, Thucydide n'auroit pas manqué de raſer d'un trait de plume les Fortifications des Ennemis, & de rétablir les affaires de ſa Ville; mais les Dieux mêmes n'ont pas le pouvoir de changer les choſes paſſées* *.

Un

* Lucien Tom. I. p. 424. de la Traduction de M. d'Ablancourt.

Un Ecrivain qui loue les mauvaises actions & les fautes d'un Général, & qui éleve jusqu'au Ciel ce qu'il devroit blâmer hautement, est aussi coupable auprès du Public qu'il le seroit auprès d'un Souverain, s'il lui dédioit un Livre dans lequel il blâmeroit justement sa conduite. Ces deux excès sont également vicieux, il faut se taire lorsqu'on ne sauroit dire la vérité, & quand on la dit il faut avoir de la moderation, & ne pas insulter à la mémoire ou à la personne de ceux dont on révele les fautes.

Le plus grand defaut des Historiens c'est de ne pouvoir se tenir dans un juste milieu. Quoiqu'ils ayent intention quelquefois de dire la vérité, ils se laissent cependant emporter à leur feu : ils se passionnent pour certains partis; ils prennent insensiblement & sans s'en appercevoir une antipathie pour d'autres. La fin de leur Ouvrage ne ressemble point au commencement; on diroit quelquefois qu'un Historien a fait le premier

Vo-

Volume, & qu'un Poëte Satirique a composé le dernier.

Ce n'eſt point aſſez que de n'avoir aucune prévention en commençant à travailler à l'Hiſtoire, il faut encore avoir aſſez de force & de génie pour ne pas ſe laiſſer séduire par ceux qui ont écrit auparavant ſur les ſujets qu'on traite ; on doit ſe garder de leur donner une entiére croyance. Un ſage Hiſtorien parcourt les Ouvrages de ſes Prédéceſſeurs comme un bon Juge lit les Mémoires des parties ; ce n'eſt qu'après une mûre délibération & un profond examen, qu'il ſe détermine ſur le parti qu'il doit prendre.

Si la vérité & la liberté doivent ſervir de règles à ce que dit un Hiſtorien, la clarté & l'intelligence ne lui ſont pas moins néceſſaires pour le bien dire. Il faut que ſon ſtile ſoit clair & naturel, ſans être bas & rampant, qu'il tâche d'imiter la noble ſimplicité de Salluſte, la briéveté & le bon ſens de Tacite, la majeſté & l'ordre l'ordre de Tite-Live. Ses figures ne doivent être ni trop ſublimes, ni trop recherchées, à moins qu'il ne veuille que ſa narration reſſemble à celle du Roman. C'eſt le défaut dans lequel ſont tombés les Jéſuites Catrou & Rouillé; ſi le Syſtême de la Metempſicoſe étoit encore en vogue, on croiroit que l'ame de la Calprenede & celle de Gomberville ont paſſé dans les corps des ces Révérends Peres. Quiconque veut écrire purement l'Hiſtoire doit bien ſe garder de les imiter.

LETTRE VINGT-DEUXIEME,

Sur les Poëtes.

IL ſemble que les mauvais Poëtes ſoient un fleau que le Ciel envoye pour mortifier, par la lecture de leurs Ouvrages, ceux qui prennent trop de plaiſir à celle des bons Ecrivains. Horace, Virgile & Juvenal récompensérent à peine de l'ennui que causérent aux Romains les Mævius, les Bavius, les Turgidus, & ce grand nombre de ***Poëteraux***, qui recitoient leurs Vers dans les Places publiques & les Carrefours. La France fourmilloit de Cotins, de Pradons, de Chapelains, dans le tems qu'elle ſe glorifioit d'avoir les Deſpreaux, les Corneilles, les Moliéres. La même chose arrive aujourd'hui, Voltaire, Crebillon, le Franc, & quelques bons Auteurs Tragiques ont un nombre d'Emules subalternes, dont les Pièces sans feu, ou sans conduite & sans jugement, font pitié à tous les véritables Connoisseurs. Cependant elles sont applaudies par un grand nombre d'Idiots, & ont quelquefois un succès plus éclatant que celles des grands Maîtres. Ce seroit en vain qu'on tâcheroit de ramener au bon goût une foule de gens que les préjugés & l'ignorance aveuglent ; il ne reste d'autre ressource à l'homme d'esprit que celle de céder au torrent, & de gémir des effets de la prévention.

Si j'eusse été Magicien, j'aurois évoqué les Manes de Moliére & de Despreaux, lorsque tout Paris couroit en foule à la représentation de l'impertinente Piéce de Samson. Voilà, leur aurois-je dit, les fruits qu'ont produit vos exemples & vos avis. Voyez, Moliére, jusqu'où l'on a porté le Théâtre depuis votre mort : & vous, Defpreaux, examinez combien l'on a perfectionné vos Règles Poëtiques.

Je me figure qu'elle feroit la furprife de fes deux grands Hommes à ce difcours. Eh quoi ! s'écrieroit Moliére, j'ai donc travaillé inutilement à ramener le bon goût des Térences & des Ménandres ; on eft enfin ennuyé du *Beau*, du *Vrai*, du *Naturel*, & l'on prodigue à une monftrueufe chimère les mêmes applaudiffemens qu'à mes plus belles Piéces !

Ces juftes plaintes échaufferoient la bile de Defpreaux. De l'encre, des plumes, du papier, s'écrieroit-il, afin que je venge le *Bon-Sens*. La Raifon veut que je faffe juftice des Cotins Comédiens, ainfi que des Cotins Prédicateurs. Aurois-je tort de lui dire : arrêtez, vous entreprenez une chofe inutile ? Tel eft le fort du Public, il eft deftiné à être éternellement ftupide admirateur de toutes les nouveautés : vous avez fi bien con-

connu vous-même, lorſque vous viviez:

> Qu'un Sot trouve toujours un plus
> Sot qui l'admire.

Croyez-moi donc, retournez dans vos Champs Elysées, & ſi les priéres des Poëtes trepaſsés ſont de quelqu'utilité auprès de la Divinité, priez-là de renvoyer, s'il eſt poſſible, le bon-ſens aux Pariſiens.

La facilité du Peuple à applaudir aux choſes les plus ridicules enhardit les mauvais Poëtes, & en augmente conſidérablement le nombre. J'ai vu, dira l'un, les Poëſies d'un tel reçues avec applaudiſſement, pourquoi n'aurai-je pas la même fortune? Mes Vers ſont auſſi enflés & auſſi empoulés que les ſiens, mon ſtile eſt auſſi guindé, mes phraſes pourront paſſer pour ſublimes, elles ne ſont pas plus intelligibles que les ſiennes; manquerai-je de m'acquérir la réputation de Bel-Eſprit pour n'avoir point aſſez de hardieſſe ! Je ſerois indigne des dons que m'a fait Apollon, ſi je n'en agiſſois pas de même.

La reſſource ordinaire des mauvais Poëtes pour acquérir les ſuffrages du Vulgaire, c'eſt de recourir à des fictions extraordinaires, monſtrueuſes, & qui tiennent du *Merveilleux* outré. Le Peuple ſe laiſſe aiſément ſéduire à tout ce qui porte en ſoi quelque marque de ſingularité. La noble ſimplicité, l'exacte reſſemblance dans les mœurs, la ſage conduite dans les incidens, le frappent moins que des événemens extraordinaires & inattendus; de quelque maniére qu'on les lui préſente, & avec quelque bizarrerie qu'ils ſoient amenés, il eſt ſatisfait, & il applaudit avec plaiſir. Il faut au contraire qu'on lui arrache ſes ſuffrages pour des Ouvrages dignes de l'immortalité, & ce n'eſt qu'avec bien de la peine que les gens de goût le forcent en quelque façon à changer pour quelques inſtans ſa maniére de penſer. Le Miſantrope de de Moliére eut besoin pour réussir d'être soutenu de l'approbation de tous les Connoisseurs; il fallut pour en faire goûter les premiéres représentations l'unir avec une Farce.

Les Poëtes qui ne travaillent point pour le Théâtre & qui se bornent à faire des Recueils, d'Odes, d'Epigrammes, de Sonnets, & de Madrigaux, n'ont pas le moyen d'user du Privilège de leurs Confreres les Auteurs Tragiques ou Comiques; mais ils ont recours à un autre expédient pour faire lire leurs Ouvrages; ils les remplissent ou d'indignes Satires ou d'infamies lascives & contraires aux bonnes mœurs; on peut dire que leurs Ecrits sont des Ecoles où l'on enseigne à contenter toutes les passions que la Religion condamne. Ils pensent les justifier en disant que les meilleurs Poëtes tels qu'Ovide, Juvénal, Marot, La Fontaine, & quelques autres ont composé des Ouvrages où la pudeur étoit blessée; & ils ne songent pas qu'on n'excuse les

Ecrits

Ecrits de ces Auteurs qu'en faveur de bien d'autres choſes excellentes qu'ils ont produites.

D'ailleurs, on pardonne certaines foibleſſes à ces grands Hommes, qu'on ne peut & qu'on ne doit point tolérer dans des Ecrivains ſubalternes : leurs Ecrits ne font déja que trop de mal par le mauvais goût qu'ils entretiennent, ſans qu'on ſouffre encore qu'ils bleſſent les règles de la Morale, & corrompent le cœur, en même tems qu'ils gâtent l'eſprit.

Heureuſement pour les hommes, le Ciel permet qu'il ſe trouve dans tous les Siècles un certain nombre de Gens de Lettres & de bons Poëtes, qui balancent par la bonté de leurs Ouvrages le mal que produiſent dans la République les Avortons du Parnaſſe. On trouve dans tous les tems d'illuſtres Auteurs, pourvû qu'on n'aille point chercher dans ceux où les Belles-Lettres étoient tombées dans un entier oubli, & où il n'y avoit que quelques misérables Chantres

tres auxquels on prodiguoit le nom de Poëtes.

Au reste, par les termes de *bons Poëtes*, je n'entends pas des Auteurs qui ayent égalé Virgile, Corneille, Racine & Moliére; mais je parle de tous ceux dont les Ecrits méritent l'estime des Connoisseurs & peuvent amuser les honnêtes gens. Il y a plus de différence d'Horace à Quinaut, qu'il n'y en a de Quinaut à Cotin; ce qui toutefois n'empêche pas que les Opera de cet Auteur ne soient lus & appris par des personnes de bon goût. Il seroit absurde de ne vouloir mettre au rang des bons Poëtes que les Homéres & les Virgiles; quoique Crebillon soit eloigné de la perfection de Racine, on ne peut cependant lui refuser le titre de bon Auteur Tragique.

Un défaut ordinaire à tous les Poëtes, & dont les meilleurs ne sont pas plus exempts que les autres, c'est un amas de louanges répandues & prodiguées dans tous leurs Ouvrages. Je pardonne à un Ecrivain prêt à mourir d'inanition de prolonger ses jours par un nombre d'Odes & de Sonnets, composés à l'honneur & à la gloire de plusieurs Faquins ; mais je ne puis souffrir dans les Oeuvres d'un Poëte, à l'abri de l'indigence, l'Eloge d'un Fermier Général, ou de quelqu'autre Sangsuë du Peuple. Les Auteurs Tragiques sont même en possession de louer excessivement, ils se récompensent par des Epitres Dédicatoires de l'impossibilité d'élever jusqu'au Ciel des simples particuliers dans leurs Tragédies.

Si l'on fait quelquefois sur le Parnasse la revûe des Eloges des Poëtes, Apollon doit être bien fâché contre quelques-uns de ces Messieurs. Je crois lui entendre dire : il faut que ces maudits Rimailleurs me prennent pour *Plutus*, ou pour ce fou de *Momus*. Quai-je donc de commun avec ce Maltotier ou ce sot Petit-Maître ? & comment osent-ils les appeller mes Favoris ? Jamais ils ne le furent ni

l'un

l'un ni l'autre, & ne le ſeront jamais à coup sûr; le Parnaſſe ſeroit-il devenu un Comptoir, ou un Hôtel des Fous.

La jalouſie eſt un vice auſſi commun chez les Poëtes que la Flaterie. Ce n'eſt qu'avec une peine infinie que les plus grands s'en défendent, encore n'en ſont-ils pas tout-à-fait exempts, il leur reſte toujours au fond du cœur une certaine envie contre la gloire de leurs Confreres; & comme ils ne peuvent guère ſurmonter ce foible, dont ils reconnoiſſent tout le mauvais, ils l'ont maſqué d'un beau nom pour diminuer la honte qu'ils en reſſentent.

La jalouſie chez les grands Poëtes s'appelle noble Emulation, chez les médiocres & les mauvais, elle porte le nom de haine; mais lorſqu'on examine attentivement les mouvemens du Cœur humain, on apperçoit que ſous des termes differens ils couvrent la même envie que les uns font moins éclater que les autres. Cor-

 neille

neille ſur la fin de ſes jours ſouffroit impatiemment la réputation que Racine s'etoit ſi juſtement acquiſe ; il lui attribua plus d'une fois dans le fond de ſon cœur le peu de reuſſite de ſes derniéres Piéces.

La gloire n'eſt qu'une vapeur céleſte, les bons Poëtes ſont les Enfans des Dieux, ils ne ſe nourriſſent que de cette vapeur. Ils ont ordinairement un grand appétit, & ils ne ſouffrent pas volontiers qu'un autre vienne leur rogner leur portion.

Si l'on dit à un Poëte qu'il eſt borgne, boſſu, tortu, pauvre, yvrogne, malhonnéte homme, il ſe vengera de ces injures, par une ou deux Epigrammes, il reſtera enſuite tranquile, & croira avoir aſſez defendu l'homme *mortel*; mais ſi l'on offenſe le *divin*, ſi l'on oſe critiquer ſes Ouvrages, alors des Volumes entiers ſont à peine capables de punir le téméraire qui a eu l'audace d'attaquer le Favori d'Apollon.

Qu'on

Qu'on fasse attention au génie & au caractère des Poëtes, on verra qu'il n'y en a point, soit parmi les bons, soit parmi les mauvais, qui ne distingue en lui l'homme en tant qu'homme ordinaire & en tant qu'homme Poëte. L'homme ordinaire est, par exemple, un Citoyen de Paris; mais l'homme Poëte est un Demi-Dieu. Cependant il arrive quelquefois que dans le tems que l'homme ordinaire meurt à l'Hôpital, l'homme divin est rongé des Vers dans la Boutique d'un Libraire.

Les bonnes fortunes dont les Poëtes se vantent dans leurs Ouvrages, ne doivent guère trouver de croyance; ils sont en droit de mentir, c'est là le privilège de leur profession. On seroit aussi fou, si l'on croyoit que la plûpart des Maîtresses des Poëtes existent, que l'on seroit imbécile si l'on attendoit l'exécution de leurs promesses. Il n'en coûte pas plus à ces Messieurs de cueillir mille baisers amou-

amoureux ſur des lévres vermeilles, que de conduire un Monarque François, dans deux ans, aux bords de l'Helleſpont.

LETTRE VINGT-TROISIE'ME,

Sur les Traducteurs.

ON reproche ordinairement aux Traducteurs qu'ils employent leur vie *à parler pour certains Auteurs qui pensent pour eux* *: on les compare même à des faux Monnoyeurs qui donnent des Piéces de cuivre pour des Piéces d'or ; mais tous ces discours vagues & généraux ne sauroient détruire le mérite & l'utilité des bons Traducteurs. Je conviens que rien n'est si méprisable que les mauvais ; mais c'est aussi donner dans un excès vicieux, que de les regarder tous d'un même œil.

Com-

* Lettres Persanes, Tom. II. p. 217.

Comme un Tableau de Raphaël copié par Le Pouſſin eſt un morceau de peinture auſſi beau que l'Original; de même les Traductions des Commentaires de Céſar & des Oeuvres de Tacite par d'Ablancourt, égalent en bien des endroits la beauté du Latin.

Si certains Auteurs anciens revenoient aujourd'hui au monde, ils ſeroient fort obligés aux Ecrivains François & Anglois des ſervices qu'ils leur ont rendus. Je ſuis perſuadé que Démoſthène donneroit de grandes marques d'amitié à Mr. de Tourreil, & qu'Homére aimeroit autant la Traduction Angloiſe de Mr. Pope, que l'Original de ſon Iliade. Je ne ſai ſi Horace ne feroit pas quelque Ode à la louange de Tarteron, pour remercier ce Jéſuite de l'avoir rendu un Courtiſan auſſi parfait de la Cour de Louis XIV, qu'il l'étoit de celle d'Auguſte.

J'avoue que Virgile ne ſe reconnoîtroit point dans les Traductions de de Martignac, & de l'Abbé de Marolles: qu'Ovide, en lisant celles que ces Auteurs ont faites de ses Ouvrages, composeroit une Elegie des plus plaintives pour déplorer le sort qu'ont eu ses Vers: & que tous les Anciens que Du Ryer a travestis, ne gémiroient pas moins de leur destin; mais il est de mauvais Ecrivains en toute sorte de genre, & parce que, excepté Amiot, on n'a eu pendant plusieurs Siècles que de foibles Traducteurs, une injuste prévention ne doit point nous empêcher d'accorder notre estime à ceux qui l'ont méritée dans ces derniers tems.

Au lieu de rebuter les Traducteurs on doit les encourager. Leurs travaux sont déja assez pénibles, sans qu'on en augmente encore le dégoût par le peu d'estime qu'on pourroit en faire.

Qu'on dise ce que l'on voudra, les Traducteurs sont très-utiles dans la République des Lettres. Si ceux qui travaillent sur les Auteurs Grecs &

Latins ne servent point aux Savans, ils font connoître aux simples Amateurs des Belles-Lettres les Héros de la Littérature. Ne seroit-ce pas dommage qu'un nombre de gens à qui la Nature a donné un esprit délicat & un jugement solide, fussent privés pour toujours de la lecture des Ecrivains d'Athènes & de Rome, parce que pendant leur jeunesse on a négligé de leur faire apprendre le Grec & le Latin? N'est-ce pas une action digne de louange que de remédier aux maux que cause la négligence des Peres de famille?

Il est certaines Traductions qui ne sont pas moins utiles aux Savans qu'à ceux qui ignorent les Langues mortes; ce sont celles des bons Livres Anglois & Allemands. Combien y a-t-il à Paris de Savans de la premiere Classe qui ne sauroient lire ces Ouvrages, & qui sans les Traductions n'en auroient aucune connoissance! Les François ont autant d'obligation à Mr. Coste que les

les Anglois en ont à Locke; s'il n'y eût point eu de Traducteurs, à peine eussent-ils eu une foible notion d'un des plus grands Philosophes.

LET-

LETTRE VINGT-QUATRIEME,

Sur les Journaux.

SI l'on avoit ſuivi l'exemple de Bayle & de Salo, les Journaux auroient produit un grand bien dans la République des Lettres ; mais en vérité la plûpart ſont écrits d'une maniére ſi pitoyable & ſi partiale, que ceux qui ſe fonderoient ſur leurs Jugemens, donneroient dans de grands travers. Les uns mépriſent pour ſe vanger, les autres louent dans la vûe d'être loués; ajoûtez à cela l'avidité du Libraire qui dirige la plume des Journaliſtes, qui les paye pour louer les Livres qu'il imprime & pour blâmer ceux de ſes Confreres avec leſquels il a quel-

que

que intérêt à démêler. Il eſt aisé de voir que des Journaux faits de cette maniére ſont moins un Recueil de bons Extraits, qu'un ramas de mauvais éloges, ou d'invectives groſſiéres.

Parmi le grand nombre de ces ſortes d'ouvrages qui s'impriment en France & en Hollande, il n'y en a guère qu'un ou deux qui ſe reſſentent encore de l'eſprit de leur inſtitution. Le Journal des Savans eſt véritablement digne du titre qu'il porte, & la Bibliothèque raiſonnée mérite l'eſtime des Connoiſſeurs; mais qu'eſt-ce que ce petit nombre de bons Journaux, eû égard à la quantité des mauvais qui paroiſſent? Il eſt vrai que le débit de la plûpart de ces Livres eſt exceſſivement diminué, & que tôt ou tard le Public entiérement déſabusé les laiſſera moiſir en paix dans les Boutiques des Libraires; pluſieurs commencent déja d'avoir cet infortuné ſort. Voici ce qu'un de mes Amis m'écrivit il y a quelque tems ſur le Jour-

Journal Littéraire qui s'imprime à la Haye.

„ Ce Journal eſt devenu le Frere
„ Cadet de celui de Trevoux, & eſt
„ encore plus mauvais, quoique ce-
„ la paroiſſe impoſſible. Comme
„ il eſt difficile qu'un auſſi déteſta-
„ ble Ouvrage ait des Lecteurs, les
„ Jeſuites ſe ſont avisés d'un plaiſant
„ expédient pour le faire débiter. Ils
„ en ordonnent la lecture à leurs Pé-
„ nitens, pour la mortification de
„ leur Sens, & le Journal Litté-
„ raire eſt devenu une des plus ri-
„ goureuſes pénitences du Tribunal
„ Ignatien. Cependant ces R. R.
„ P. P. s'étant apperçus que l'on
„ trouvoit cette peine trop rude, &
„ que leurs Confeſſionnaux en é-
„ toient moins fréquentés, ils ſe
„ ſont un peu relâchés ſur l'impoſi-
„ tion de cette penitence. Le Li-
„ braire Briaſſon chez qui ſe débite
„ ce Journal à Paris, s'en étant plaint
„ très-ſouvent aux R. R. P. P. de la
„ Maiſon Profeſſe du Collége de

„ Louis

„ Louis le Grand, ils lui ont répon-
„ du qu'ils lui feroient débiter la
„ grande quantité d'Exemplaires qui
„ lui en reste à la publication du pré-
„ mier Jubilé, & l'ont fort exhorté
„ de les empêcher de moisir en at-
„ tendant „.

Je ne sai si le Libraire a été content de cette réponse, & s'il a reçu de bon cœur cette exhortation ; mais je crois que pour le bien de la Republique des Lettres, on doit avertir charitablement le peu de personnes qui lisent encore ce Journal, du peu de fond qu'elles doivent faire sur les Extraits qu'il contient. Non-seulement il y a beaucoup d'inexactitude ; mais il arrive même très-souvent que les Journalistes étant obligés de louer certains Livres pour plaire au Libraire, les louent par ce qu'ils ont de plus absurde & de plus ridicule. En voici un exemple frappant, tiré de la *Continuation de l'Histoire d'Angleterre*, Ouvrage aussi foible & aussi mal dirigé, que celui de Rapin Thoy-

Thoyras est correct, précis, & digne de louange. *La description de la Bataille d'Hochstet*, dit le Journaliste, *suffiroit pour attirer à l'Historien une estime distinguée, & les réflexions qui l'accompagnent en rehaußent extrêmement le prix* *. Qui ne croiroit en lisant un éloge aussi pompeux qu'on va voir un morceau digne de Tacite ou de Tite-Live ? En donnant l'Extrait de quelque Bataille écrite par Jules César, on ne pourroit pas en dire davantage. Quelle est la surprise du Lecteur, lorsqu'il ne trouve que des sotises & des puérilités, au lieu des choses sublimes qu'on lui a promises ? Voici comme parle ce fameux Historien.

„ Pour ce qui regarde les François, Louis XIV. & ses Généraux „ firent presqu'autant de fautes que „ de démarches. L'Armée de Vil-„ leroi

* Journal Littéraire de l'année 1735. Tom. 22. derniére Partie, p. 314. à la Haye chez Jean Vanduren.

„ leroi fut presqu'entierement inutile : elle étoit de trente-huit Bataillons & de soixante Escadrons ; c'étoit l'élite des Troupes Françoises „. Voilà donc l'Armée du Maréchal de Villeroi, qui, selon cet Historien, devient inutile à la Bataille d'Hochstet. C'est en lui accordant cette vérité qu'on sent tout le faux & tout le ridicule de ce qu'il dit sur l'Armée du Marechal de Tailard. „ La plûpart des Régimens, surtout des Régimens nouveaux, avoient à leur tête des Jeunes-Gens sans expérience ou sans cœur. Aussi le Duc de Malboroug écrivant à la Reine pour lui apprendre le succès de ses armes, lui disoit spirituellement qu'il avoit pris une bonne partie des Pensionnaires des Jésuites. Les Généraux même, excepté le Comte de Marsin qui n'étoit pas grand homme de guerre, étoient mal choisis & peu estimés des Troupes. Le Maréchal de Tallard étoit de ce nombre, quoi-

„ qu'il eut devers lui la Bataille de
„ Spire. Chacun, excepté Louis
„ XIV, ſavoit qu'il avoit fait tout
„ ce qu'il avoit pu pour la perdre „.

Je n'aurois jamais cru qu'on pût mettre tant d'abſurdités dans ſi peu de mots; cependant il eſt très-aiſé de s'en appercevoir, lorſqu'on a la moindre connoiſſance de ce qui s'eſt paſsé pendant les derniéres Guerres. Cette Armée de Mr. de Tallard dont l'Hiſtorien fait un ſi joli portrait, ces Ecoliers ſans cœur & ſans expérience, venoient de faire le Siége de Landau, la plus forte Place de l'Europe, dont ils s'étoient rendus maîtres. Ils avoient enſuite gagné la Bataille de Spire, & ſelon l'Hiſtorien, ils ne devoient pas cette Victoire à la prudence & à la conduite de leur Général, puiſqu'*il avoit fait tout ce qu'il pouvoit pour la perdre*. C'eſt donc néceſſairement à leur valeur qu'il faut l'attribuer. Comment arrive-t-il que cette même Armée eſt tout d'un coup changée en un ramas de gens ſans

ſans cœur conduits par des Ecoliers?

La plaiſanterie du Duc de Malboroug ne prévaut point contre un fait inconteſtable, & ſi après la Bataille d'Hochſtet les Impériaux furent en droit de dire qu'ils avoient vaincu les Ecoliers des Jeſuites, ces mêmes Ecoliers auroient pu ſe vanter, quelque tems auparavant, d'avoir donné une rude leçon à leurs Régens.

L'Abbé Des Fontaines eſt tombé dans le même defaut que cet Hiſtorien. Il a dit avec la hardieſſe ordinaire dont il affirme les faits les plus faux, & qui ne peut être excusée que par ſon ignorance, que le Marechal de Tallard avoit gagné la Bataille de Spire par une bevue. S'il eût interrogé tous les Officiers qui étoient à cette affaire, & ſur-tout Mr. de Précontal Lieutenant Géneral, d'une grande réputation, qui ſervoit cette Campagne ſous Mr. de Tallard, il n'eût pas fait cette faute. Voici un Extrait de ce que rapporte cet Officier Géneral.

„ Mr. le Maréchal de Tallard
„ ayant assiégé Landau, Mr. le P.
„ de.... & Mr. de Nassou Neu-
„ bourg, à la tête de l'Armée des
„ Alliez, forcérent plusieurs marches
„ pour secourir la Ville. Je mar-
„ chois cependant pour joindre l'Ar-
„ mée du Siége, & il étoit à craindre
„ que les Alliez se postant entre Mr.
„ de Tallard & moi, ne lui coupas-
„ sent les vivres. La situation étoit
„ embarassante, les Ennemis n'a-
„ voient plus que deux marches à
„ faire pour attaquer Mr. de Tallard.
„ Il prit sa résolution sur le champ;
„ il m'envoya dire de marcher en
„ toute diligence avec ma Cavalerie
„ vers le Spirebak que les Ennemis
„ passoient, & il fit lui-même deux
„ marches forcées pour aller attaquer
„ ceux qui comptoient le surprendre.
„ Un Espion auquel il donna mille
„ écus l'instruisit de l'état de l'Armée
„ ennemie. Je le joignis avec deux
„ mille Chevaux, mon Infanterie
„ suivoit, nous arrivames au Spire-

„ bak

„ bak dans le tems que les Généraux „ Alliez étoient à table. Leur Ar- „ mée se rangea en bataille avec „ beaucoup de confusion, & nous „ fondimes sur eux pendant qu'ils se „ formoient, quoique toutes nos „ Troupes ne fussent pas arrivées. „ Je n'ai jamais vu tant de céléri- „ té dans l'exécution. Les Ennemis „ firent un grand feu & obligerent „ même Mr. de Puignion de recu- „ ler à la droite; mais Mr. le Maré- „ chal fit charger la bayonnette au „ bout du fusil (méthode excellente „ qui nous réussit presque toujours), „ & alors les Ennemis ne firent plus „ aucune résistance „.

Voilà les fautes où tombent ces Historiens qui travaillent sur un ramas de Gazettes, & sur un recueil de quelques bruits publics. Quelle pitoyable Histoire ne doit-on pas faire lorsqu'on ne prend ses Mémoires que dans les Caffés! Et quel triste sort n'est-ce point pour un aussi grand Historien que Rapin Thoyras, d'avoir un aussi misérable Continuateur !

Il faut chercher la cause de la perte de la Bataille d'Hochstet dans le peu de connoissance que l'Electeur de Baviere avoit de son Pays. Si le Marais qui separoit les deux Armées eût été impraticable, comme on le croyoit, Malboroug n'eut jamais écrit à la Reine la plaisanterie qu'il lui écrivit sur les Ecoliers des Jésuites. Il n'y a rien de plus pitoyable que d'attribuer la perte d'une bataille à des raisons generales, dont on démontre évidemment la fausseté. Que diroit-on, d'un Historien qui décrivant l'Affaire de Denain, voudroit en employer de pareilles ? Ne le traiteroit-on pas, avec justice, de ridicule ?

L'experience a fait voir démonstrativement, & sur-tout à la Bataille de Parme & de Guastalla, que des Jeunes-Gens à qui l'on a inspiré, dès la tendre jeunesse, des sentimens d'honneur, savent s'acquitter de leurs devoirs aussi-bien que les vieux Soldats. Il y a 22 ans que les Anglois

&

& les Hollandois n'ont eu aucune guerre; je ne crois pas qu'ils ayent un plus grand nombre de vieux Soldats que nous. J'aimerois pourtant mieux un de leurs Bataillons que douze Régimens Siciliens, quinze Napolitains & six Portugais. Un Anglois dès sa tendre enfance est instruit à vivre & à mourir en Anglois: l'Amour de la Liberté prévient presque l'âge de la raison dans un Hollandois : un vieux Soldat Italien est plus passionné pour son Chapelet que pour la gloire; vingt ans de service ne font pas sur son cœur autant d'effet, que deux jours d'instruction sur celui d'un Anglois.

Il est impossible que les Auteurs du Journal Littéraire ne sentent & ne connoissent pas ces vérités; mais il falloit qu'ils louassent un mauvais Livre; le Libraire le vouloit ainsi, ils ont obéi, & ont justifié la vérité de cet Axiome : une absurdité en attire une autre, *ex absurdo sequitur absurdum.* Pour donner de la réputation à ce Livre, on a eu recours à un moyen aussi ridicule

dicule qu'il est nouveau. L'Auteur a écrit lui même une Lettre où il se couronne de ses propres mains. Il fait un eloge magnifique de son Ouvrage, il se donne pour Allemand, & écrit au nom de toute la Germanie à son Libraire, pour le feliciter d'avoir imprimé une aussi excellente Histoire. Voici un Extrait de quelques endroits de cette Lettre *.

LETTRE

ADRESSÉE AU LIBRAIRE

DU

JOURNAL LITTERAIRE.

MONSIEUR,

JE crois vous faire plaisir de vous marquer ce qu'on pense ici de votre Continuation de l'Histoire de RAPIN THOYRAS. *Sans parler du stile qu'on trouve bon, parce qu'il n'est*

* Journal Littéraire de l'année 1736. Tom. 23. Premiére Partie, p. 123.

n'eſt ni rampant ni trop élevé, ni obſcur, ni diffus, ni trop orné; en un mot, parce qu'il eſt ferme & naturel, on eſt tout-à-fait content du fond des choſes.

Les Evénemens y ſont développez avec toute l'exactitude poſſible, on en connoît les principes & les motifs, & jamais peut-être Hiſtorien n'a plus pénétré dans ce qu'on appelle l'intérieur des affaires. Ce ne ſont point des conjectures hazardées, ce ſont des raiſonnemens ſolides, & des refléxions judicieuſes, qui mettent en évidence les vûes & les motifs qui ont fait agir, qui en découvrent la droiture & le défaut, & qui marquent les obſcurités dont on a tâché de les envelopper; de ſorte que cette Hiſtoire eſt regardée comme un des meilleurs Ouvrages de Politique qui ayent été faits.

Pour ce qui regarde les deſcriptions des Siéges & des Batailles, on convient généralement qu'elles ne peuvent être que le fruit d'une longue

gue expérience & d'une profonde méditation..... Le seul but que j'ai en me donnant l'honneur de vous écrire les sentimens du Public, & en particulier ceux de mes amis & les miens, c'est de vous prouver que nos éloges sont sincéres. Nous avons fait de concert nos remarques sur le dernier des deux Tomes de votre Continuation*, & nous nous y sommes attachez, parce que dans votre Journal on a parlé du premier. Je prends la liberté de vous les envoyer sans prétendre que vous m'en ayez aucune obligation, car quoique le compliment soit gracieux, je puis vous protester que l'on n'a point eu votre intérêt en vûe; mais uniquement de rendre justice à un Auteur qu'on voudroit connoître & qu'on estime. Je suis,*

Monsieur,

Votre très-humble & très-obéissant serviteur,
L. A. D. B.

Je

Je ne crois pas qu'on puisse moins respecter le public que de le régaler d'une pareille Lettre. On le regarde comme si aisé à surprendre que, quoique l'Univers entier sache que c'est Mr. de L. A. D. B. qui est l'Auteur de la *Continuation de Rapin Thoyras*, il n'a pas daigné se déguiser en faisant lui-même l'éloge de son Ouvrage. Mais pour achever de connoître le ridicule des louanges prodiguées dans cette Lettre sur *la grande connoissance que l'Auteur a des Siéges & des Batailles, qui ne peut être que le fruit d'une longue expérience, ou de la plus profonde méditation*, il est bon de savoir que Mr. de L. A. D. B. est un Jeune homme qui n'a jamais fait de Campagne que dans l'Abbaye de St. Victor, où il étoit Chanoine Régulier avant que de passer en Hollande.

Après cela ne doit-on pas regarder tous ces Journaux bâtards comme les Papiers que vendent les Charlatans, qui ne sont pleins que des louanges de leurs Drogues ? C'eſt pour faciliter le débit de celles de la Societe' que les Jéſuites ont entrepris celui de Trevoux. Ils étoient bien perſuadés que les Journaux des Savans ne loueroient que les Livres de leurs bons Auteurs ; ils voulurent avoir un Crieur public à leurs gages, auquel ils puſſent faire prôner, s'ils en avoient la fantaiſie, la Cour Sainte du Pere Cauſſin, & les Méditations de Croiſet.

Une autre raiſon ſe joignit à cette premiere, ils avoient par-là un moyen de décrier, de blâmer, & de déchirer tous les Livres de leurs Adverſaires, ou des gens qu'ils n'aimoient pas. Auſſi en ont-ils profité & en profitent-ils encore tous les jours. Les plus grands Ecrivains n'ont point été ménagés, & tous les autres qui ne tiennent pas par quelqu'endroit à la Societe', ont été impitoyablement critiqués : Bayle, Boyleau, & tant d'autres dont les noms inſpirent le reſpect, n'ont point été épargnés.

Pour recevoir les éloges des Journalistes de Trevoux, il vaut mieux être Valet de pied des Jesuites que Favori d'Apollon. Ils loueront, s'il le faut, les Peres Cosme & Antoine très dignes Capucins; mais ils déchireront Arnaud, Pascal, Nicolle, Sacy, &c.

Un de mes amis m'a assuré que lorsqu'un Jésuite est nommé pour travailler au Journal de Trevoux, on le fait jurer *sur les Exercices Spirituels de St. Ignace*, que toutes les fois qu'il prendra la plume, il dira trois fois avant que de commencer à écrire, EGO SUM JESUITA. Si cela est, je ne m'étonne plus des Extraits que donnent ces Journalistes, & si leurs Ouvrages sont si décriés en Hollande, en Angleterre, & en Allemagne, qu'on ne les y trouve presque point. Quant à la France personne ne les y lit, si ce n'est quelques jeunes Sulpiciens, & quelques Demi-Jésuites à qui la Société les distribue en guise d'*Agnus Dei*.

Les mauvais raisonnemens, les décisions partiales, les éloges déplacés ne sont pas les seuls défauts dans lesquels tombent les Journalistes ; ils remplissent leurs Ouvrages d'invectives. On diroit quelquefois que les Portefaix se sont érigés en Juges des Auteurs, & que le langage des Halles est devenu celui du Parnasse. Lorsqu'ils haïssent un Ecrivain, & qu'ils ne peuvent trouver à mordre sur ses Ouvrages, ils vomissent contre sa personne les injures les plus grossiéres. Voici comme parle le Journal Littéraire d'un des meilleurs Auteurs que la France ait actuellement.

„ Dom Pr.... * qui a été deux „ fois Jésuite, Soldat, Bandi, Bé„ nédictin, passe dans l'Ordre de „ Cluny pour paroître en Abbé dans „ le monde où il est fort recherché. „ C'est lui qui continue *le Pour* & „ *le Contre*, & qui a fait *Manon* „ *Les-*

* Journal Littéraire de l'année 1735. Tom. 32. dern. Partie, p. 472.

„Lescot„. Que peuvent penser les honnêtes gens qui voyent de semblables calomnies dans un Livre qui doit être uniquement destiné à parler des bons ou des mauvais Ouvrages, sans que la personne des Auteurs doive jamais y avoir la moindre part? Je demande quel fond on peut faire sur le jugement d'un Journaliste qui s'emporte à des excès aussi criminels? Par ce ramas d'injures il fait connoître clairement combien peu l'on doit compter sur des décisions que la haine, la jalousie, ou l'avarice prononce.

LETTRE VINGT-CINQUIEME,

Sur les mauvais Critiques.

IL eſt pluſieurs Auteurs qui auſſi peu exacts, & auſſi peu circonſpects que les mauvais Journaliſtes, avancent hardiment les fauſſetés les plus abſurdes contre des Ecrivains qui ſe ſont acquis une juſte réputation. Soit qu'ils ne faſſent pas attention à la conſéquence de certains faits qu'ils aſſurent, ſoit qu'ils penſent qu'on ne ſe donnera pas la peine de les relever de leurs bévûes, ils hazardent tout ce qui leur vient dans la tête, ou tout ce qu'ils auront oui dire à des gens auſſi mal inſtruits qu'eux.

qu'eux. On doit regarder les Ouvrages qui ſortent de la plume de ces Auteurs, comme une des choſes les plus contraires au bien & à l'avancement de la République des Lettres.

On ne ſauroit trop refléchir avant que de prononcer ſur les Ecrits ou ſur la perſonne des grands Hommes. Il eſt arrivé très-ſouvent que faute d'avoir agi avec aſſez de précaution, des gens, qui d'ailleurs avoient du mérite, ont condamné des choſes qu'ils n'entendoient pas, ou dont ils étoient mal inſtruits.

Il y a quelques jours qu'en liſant un Livre intitulé Hiſtoire d'un voyage Littéraire *, qui eſt bien écrit & rempli d'eſprit, j'y remarquai pourtant une abſurdité étonnante au ſujet de Mr. de Tournefort. *On m'a aſſuré*, dit l'Auteur de ce Livre, *que Tournefort avoit composé a Paris l'Hiſ-*

* Hiſtoire d'un Voyage Littéraire fait en 1733. en France, en Angleterre & en Hollande, imprimée à la Haye chez Adrien Moetjens, pag. 103.

l'Histoire de son Voyage, *&* *l'avoit enrichie de tout ce qu'il avoit pu tirer des Auteurs qui ont écrit sur la même matiére.* Ce reproche qu'on fait à Mr. de Tournefort, dont on veut faire passer l'Ouvrage pour un Roman, est d'autant plus malin, que dans un endroit du même Livre on l'accuse *d'être peu exact sur ce qui regarde la Gréce & la situation des lieux* *. Mais pour détruire & ruiner de fond en comble toutes ces vaines Critiques, on n'a qu'à lire ce qu'a dit l'Auteur des Nouvelles de la République des Lettres, Mois de Septembre, année 1701. p. 351. *Mr. Pithon de Tournefort*, dit cet Auteur, *a envoyé déja deux amples Mémoires des Isles de l'Archipel à Mssrs. de l'Académie des Sciences. Ces Mémoires sont en bel ordre. Ils contiennent plusieurs particularités très curieuses par rapport à l'Histoire ancienne & Naturelle, à la Physique*

* Histoire d'un Voyage Littér. &c. p. 95.

ſique & à la Géographie. Il va préſentement en Egypte & ſur la Mer Rouge pour y faire ſes Remarques. Les Curieux & les Savans liront avec plaiſir ſes relations, &c.

Si l'Auteur du voyage Littéraire eût vu ce paſſage écrit & imprimé dans le tems même que Mr. de Tournefort faiſoit ſon voyage, il eût rendu plus de juſtice à ce grand Homme. Il eſt à ſouhaiter qu'il ſoit plus réſervé une autre fois, & qu'il ne rapporte pas comme une choſe ſure une abſurdité des plus grandes.

J'ai ſouvent remarqué que dans la République des Lettres la plûpart de ceux qui s'y érigent en Juges Souverains y jouïſſent à peine du droit de Bourgeoiſie. Les Peraults, les Marclos, & quelques autres Auteurs de cette trempe, ont décidé avec plus de hauteur & de hardieſſe que les Rapins, les Baillets, les Deſpreaux & les Voltaires.

LET-

LETTRE VINGT-SIXIEME,

Sur les Ecclésiastiques.

J'Ay trois fils, dit un Pere de famille, j'établirai l'aîné dans ma Province pour être le soutien de ma maison : le second prendra le parti des armes ; & je ferai le troisiéme Abbé. Voilà la disposition qu'un pere fait ordinairement de ses enfans, à moins que la difformité & la laideur des deux premiers ne lui fassent prendre d'autres mesures. Un aîné est-il borgne, bossu, boiteux : il risque d'être destiné à l'état Ecclésiastique. Les trois quarts des fils de famille marqués de quelques défauts

fauts eſſentiels, ſont ornez d'un petit collet : il eſt bien peu de Gentilshommes & même de bons Bourgeois diſgraciés de la Nature, qui ne ſoient conſacrés au ſervice des Autels ; on peut dire que c'eſt pour eux que l'Egliſe eſt une bonne Mere.

Si les défauts du corps marquoient ceux de l'ame, on pourroit à juſte titre ſe défier de la vertu & de la candeur d'un grand nombre d'Abbés, qui ne ſont redevables de leur Etat qu'à leur boſſe, ou à leurs hanches foibles & démiſes ; mais quel que ſoit le préjugé du Vulgaire, l'ame la plus belle & la plus grande eſt ſouvent logée dans le corps le plus contrefait & le plus difforme. L'Illuſtre Prince de Condé, & le fameux Maréchal de Luxembourg, quoique d'une figure très-digne d'être ornée d'un petit collet, furent des Héros de la premiére claſſe.

Il a été un tems où les Eccléſiaſtiques ne ſavoient point écrire, à peine pouvoient-ils lire dans leurs Bre-

Bréviaires : malheureuſement pour les Peuples ce tems eſt paſſé ; les Prêtres ont etudié, ambitionné le faſtueux titre de Docteur, diſputé entr'eux ; & leurs querelles ont plus causé de maux que la Peſte, la Guerre & la Famine. Heureuſe ignorance, pourquoi vous éclipſiez-vous ? Quel bonheur ne ſeroit-ce point pour la France, ſi Janſenius n'eût jamais ſu lire que dans ſes Heures !

On accuſe les Eccléſiaſtiques d'avoir beaucoup d'ambition, & peut-être n'a-t-on pas tort de leur faire ce reproche. Il y en a fort peu d'habiles qui ne cherchent à faire du bruit dans le monde : ils ne s'embaraſſent guère, pour venir à leur but, de choiſir des moyens convenables à leur Etat : tout ce qui les conduit aux grandeurs eſt bon & louable ; un jeune Abbé qui veut avoir un Bénéfice, aime autant l'obtenir par la protection de quelque Maîtreſſe que par ſes Sermons.

Un Eccléſiaſtique ſe flatte-t-il de par-

parvenir aux premiéres grades par ſon attachement à la Cour : il eſt doux, complaiſant, & ſoumis aux Volontés du Souverain & du Miniſtre. Déſeſpére-t-il de réuſſir dans ſes deſſeins : il change entiérement de conduite, il déclame contre le Gouvernement, on opprime la Religion, on foule aux pieds les Privilèges de l'Egliſe Gallicane.

Les Princes doivent regarder les Eccléſiaſtiques comme des Soldats, qui ne ſervent fidélement qu'autant qu'ils ſont bien payez. On a dit depuis long-tems : *Point d'argent, point de Suiſſes* ; je ne ſai ſi l'on ne pourroit pas dire avec plus de raiſon point de Bénéfices, point d'amitié, ni de ſoumiſſion chez les Eccléſiaſtiques.

J'ai un ſecret immancable pour devenir Cardinal, me diſoit un jour un jeune Abbé de mes amis, je vais appeller au futur Concile, mon Appel fera certainement quelqu'éclat dans le monde : les Jéſuites tâcheront de me faire retracter & de m'attirer

tirer dans leur parti moyennant une Abbaye : j'abjurerai le Jansénisme dès que je serai pourvu de mon Bénéfice : j'écrirai vivement contre les Miracles de l'Abbé Paris : je ferai assidûment ma cour aux *Cordons bleus* de la SOCIETE' : si cela ne suffit pas pour me faire nommer Evêque, je me servirai adroitement des revenus de mon Abbaye pour mettre quelque femme de la Cour dans mes intérêts; & de la manière dont je m'y prendrai, il est impossible que je ne parvienne à l'Episcopat.

Lorsque je serai dans mon Diocèse, je continuerai d'être outré Moliniste pendant deux ou trois ans : je deviendrai un des principaux Chefs du Parti : j'en saurai les secrets les plus cachez, il n'y aura aucun mystère auquel je ne sois initié : alors je changerai tout à coup de conduite, j'affecterai d'être tenté de retourner vers les Jansénistes, je glisserai dans mes Mandemens quelques sentimens suspects : les Molinistes s'en allarmeront

meront ; quelle honte ne feroit-ce point pour eux, si un de leurs Coryphees alloit les abandonner ! Le Recteur des Jésuites viendra tous les jours dans mon Palais avoir des conversations avec moi : plus je lui paroîtrai chancelant & plus il croira qu'il est nécessaire d'employer tous les moyens capables de m'empêcher de changer : il écrira règuliérement deux fois la semaine à son Général, qui aura soin à son tour d'instruire la Cour de Rome de mes vacillations : Elle m'enverra le *Palladium* pour tâcher de captiver ma bienveillance : j'affecterai beaucoup d'indifférence pour cette marque d'honneur : il faudra enfin qu'Elle se résolve de m'envoyer le *Chapeau* ; & me voilà Cardinal, sans qu'il m'en ait rien coûté qu'un peu de soin & d'hypocrisie.

Dès que je serai revêtu de cette importante Dignité, je verrai quel parti j'embrasserai, & si je m'attacherai à la Cour, ou si je cabalerai. Je puis suivre l'exemple des Cardinaux de Lorraine & de Retz ſous le ſpécieux prétexte de la Religion, & à l'abri de mon rang, me rendre formidable en cauſant des troubles & des tumultes. Si cela ne me plaît point, j'imiterai les Cardinaux de Richelieu & de Fleury, je ſerai utile à mon Prince, à ma Patrie, & je laiſſerai après moi un ſouvenir qui percera juſque dans la plus reculée Poſtérité.

Voyez quels ſont les avantages que peut procurer l'Etat Eccléſiaſtique, lorſqu'on ſait en profiter. Pour parvenir aux honneurs dans le Métier des armes, il faut ſe faire caſſer bras & jambes : un Magiſtrat qui veut être connu dans le monde eſt obligé de paſſer ſa vie enfermé dans ſon Cabinet au milieu de ſes Livres & de ſes papiers ; un jeune Abbé pour être grand Seigneur n'a preſque qu'à déſirer de l'être.

On peut diviſer les Eccléſiaſtiques en deux Claſſes ; la premiére contient les Nobles, la ſeconde les Roturiers.

turiers. Quoiqu'il arrive quelquefois qu'un homme né de la lie du peuple, s'éléve aux plus hautes Dignités de l'Eglise, cela est si rare, qu'une pareille exception ne peut détruire la règle générale. Les Evêchés, les Abbayes, tous les gros Bénéfices sont destinés pour des gens qui ont assez de crédit pour les obtenir; le fils d'un Duc qui n'entendra que le Latin de la Bible, a plus de rente lui seul que la moitié de la Sorbonne. C'est une chose assez plaisante que les Dévots ayent travaillé assidûment pendant douze ou quatorze Siécles à former l'Appanage de tous les Cadets des Courtisans.

La Chimére de la Noblesse a presque fait autant de progrès chez les Ecclésiastiques que chez les Allemands. Peu s'en faut qu'on n'exige que ceux qui servent Dieu dans les grandes Cérémonies de l'Eglise soient Gentilshommes; les Conciles à la vérité ont souvent decidé le contraire, mais le préjugé l'emporte sur leurs décisions. Je parlois un jour à un Prélat d'une Section du Concile de Trente, qui ordonne à un Diacre de se tenir debout devant un Prêtre, & à un Prêtre de s'asseoir devant un Evêque. Apparemment me répondit-il, que les Prêtres de ce tems là étoient Gentilshommes, & que les Diacres n'étoient que des Bourgeois. Pardonnez-moi, Monseigneur, repliquai-je, les Prêtres & les Diacres n'étoient pas d'autre condition que ceux d'aujourd'hui; mais les Peres du Concile avoient oublié dans ces momens leurs titres de Noblesse, & l'Esprit de Dieu qui dictoit leurs décisions ne jugea pas à propos de les en faire ressouvenir.

FIN.

CATALOGUE DES LIVRES

qui se trouvent

Chez M. C. Lecesne, Imp. Lib.

A AMSTERDAM.

ABadie, Traité de la Vérité de la Religion Chrétienne, 2. vol. 12.
Alcoran de Mahomet, traduit de l'Arabe en François, par Du Ryer. 8.
Amusemens Serieux & Comiques, 8.
Annales des Provinces-Unies par Basnage, fol.
Anecdotes galantes de la Cour de Néron, 12.
Antiquité Expliquée du Pere Monfaucon, 15. vol. fol.
Architecture de Vitruve en abregé, 12
Art de monter à cheval, par le Baron d'Eisemberg, fol. fig.
Arithméticien familier, par Binet, 12.
Avantures de Télémaque, fol.
Bellegarde, Œuvres diverses, 12. Compl.
Belidor, Bombardier François, 4.
Berger fidele François & Italien, 8.
Bible de Mortier & de l'Orme, fol.
Bibliothéque Ecclésiastique, par Dupin, 21. vol. 4.
Boileau, ses Œuvres, 4. vol. 12. fig.

Cabinet

CATALOGUE.

Cabinet des Fées, 15. parties en 9. vol. 12.
Caractéres de Théophraste, 3. vol. 12.
Catéchisme Historique, par Fleury, 12. fig.
Causes Célébres & intéressantes, par Pitaval, 8. vol. 8.
Cérémonies & Coûtumes Réligieuses de tous les Peuples du Monde, avec les fig. de M. Bernard Picard, 7. vol. fol.
Césars de l'Empereur Julien, par Spanheim, 4. fig.
Clarendon Hist. de la Rebellion & des Guerres Civiles d'Angleterre, 6. vol. 12.
Clarke de l'Existence & des Attributs de Dieu, 2. vol. 8.
Colloques d'Erasme par Gueudeville, 6 vol. 12. fig.
Cent Nouvelles par Gomez, 18 vol. 12.
Conte du Tonneau, 2 vol. 12. fig.
Consolation contre les frayeurs de la Mort par Drelincourt, 8.
Considérations sur la grandeur des Romains, & de leur Décadence, 8.
Cuisinier Royal & Bourgeois, 3 vol. 12. fig.
Curiosités de la Nature & de l'Agriculture par Vallemont, 2. vol. 8.
Dégoût du monde par le Noble, 12.
Délices de la Campagne, 2 vol. 12. fig.
Description de l'Amérique Angloise, 12. fig.
Devoirs des Maîtres & des Domestiques par Fleury.
Dialogues des Morts par Fenelon, 2 vol. 8.
Dictionnaire Franç. & Lat. & Latin & François par Danet, 2 vol. 4.
Dictionnaire de Richelet, 3 vol. fol. Paris.
Dictionnaire Comique & Satirique par le Roux, 8.

Disci-

CATALOGUE.

Difcipline Ecclésiaftique de l'Eglife Réformée de France, 4.
Difcours fur l'Hiftoire Univerfelle par Boffuet, 3 vol. 12.
Droit des Souverains de Fra-Paolo, 2 vol. 12.
Diverfités Curieufes, 8 vol. 12.
Ecclairciffemens fur les Analyfes des Infinimens Petits par Varignon, 4. fig.
Elémens d'Euclides par Dechalles 12. fig.
Effais de Recherches de Mathématique par Parent, 3 vol. 12. Paris.
Education des Enfans par Locke, 2 vol. 12.
Fables de la Fontaine, 8 fig.
Fauffeté des vertus humaines par M. Efprit, 12.
Fénelon de l'exiftence de Dieu, 12.
Fleury Inftitution du Droit Ecclésiaftique, 8.
Fouquet Receuil des Procès, défenfes & Conclufions, 12.
Géographie pratique par Chamereau, 4. fig.
Grammaire de Malherbe.
Grotius Droit de la Guerre & de la Paix, traduit avec des Notes par Barbeyrac, 2 vol. 4
Henriade de M. de Voltaire, 4. belles fig. Paris.
Heures ou Prieres Chrétiennes par Croifet, 8. fig.
Hift. d'Efpagne par Mariana, 5 vol. 4. Paris.
Hiftoire de la Monarchie Françoife dans les Gaules par Dubos, 3 vol. 4.
Abregé de l'Hiftoire de France du P. Daniel, 6 vol. 4.
Hommes Illuftres par Perrault, fol. fig. Paris.
Imitation de Jefus-Chrift, par Lenglet, 12. fig. Paris.
Jugement des Savans par Baillet, 17 vol. 12.
Journées Amufantes, 8 vol. fig.

Les

CATALOGUE.

Lettres du Cardinal d'Offat, 5 vol. 12. Paris.
Libertins en Campagne, 12.
Lucien d'Ablancourt, 2 vol. 8.
Lufiade du Camoens fur la Découverte des Indes Orientales par Duperron de Caftera, 3 vol. 12.
Mallebranche Recherches de la Vérité, 4 vol. 12. & 4.
Maniére d'enfeigner & d'étudier les Belles-Lettres par Rollin, 4 vol. 12. N. Ed.
Médailles de Louis XIV. fol. gr. pap. Paris.
Méditations pour tous les jours de l'année par Raiffant, 4. Paris
Métamorphofes d'Ovide en Rondeaux, 8. fig.
Œuvres de le Noble, 19 vol. 12.
Œuvres de Corneille, 10 vol. 12.
Origine de la Phyfique Nouv. par Reignault, 3 vol. 12. fig.
Panégyrique & Sermons de Flechier, 2 vol. 12. Paris.
Pharmacopée de Lemery, 4.
Pœfies de Deshouliéres 2. vol. 8.
Plutarque, Vies des Hommes Illuftres, par Dacier, 10. vol. 4.
Q. Curce François & Latin, 2. vol. 12. fig.
Roman de la Rofe, 3. vol. 12.
Republique des Lettres, 12. Comp.
Saxe Galante, 8.
Sermons de Saurin, 9. vol. 8.
Souffrance de J. Chrift par Alleaume. 2. vol.
Temple des Mufes, fol.
Teftament du Pere Quefnel, 12.
Verfailles immortalisé, 2. vol. 4. fig.

FIN.

www.ingramcontent.com/pod-product-compliance
Ingram Content Group UK Ltd.
Pitfield, Milton Keynes, MK11 3LW, UK
UKHW021133260726
13994UKWH00001B/120